経済学叢書 Introductory

国際金融論入門

佐々木百合

新世社

はしがき

本書は，私が高千穂商科大学で４年間，明治学院大学で15年間にわたり国際金融を講義してきたなかで，大学の学部生が知っておくべき国際金融の知識を網羅できるようにと考えて作成したものである。日頃から講義の際に意識していることだが，難しい内容を省略せず，できるだけわかりやすく説明することを心がけた。

経済学部に入学すると現在日本経済で起こっていることを教えてほしいと思う学生が多いものだが，実際に経済学部で経済ニュースの解説をしている講義はほとんどない。なぜなら，経済ニュースはネットを調べたり，ニュース解説を読んだりすれば，自力で理解することができるし，それらのニュースは卒業する頃には古いものになってしまうからだ。他の科目同様，私の講義でも，経済ニュースそのものではなく，経済ニュースの経済学的意味を理解し，日本経済あるいは世界経済で起こっていることが果たして良いことなのか，悪いことなのか，経済学的にみると問題点はどこにあるか，といったことを自分で判断できるようになる力を養うことを目的としている。世の中では，日本経済で起こっていることについて，良いことだ，悪いことだ，と様々な人が意見を述べている。休日の朝にテレビをつけると，ある番組ではアベノミクスを批判し，ある番組では擁護している。つい半年前に円高が大変だと言っていた同じ番組で，円安の悪影響をとうとうと述べている。経済学者である私ですら，そのような番組で弁の立つエコノミストが話しているのを聞くと，たとえその内容が間違っていても信じてしまいそうになる。学生や経済学を学んだことのない人のように，経済学的な判断基準を持っていない人は，正しいか正しくないかもわからないままに，メディアで同じように流される様々な意見に大きく左右されてしまうだろう。そういう様々な意見を鵜呑みにせず，経済学という道具を使って素朴に自分で判断できるようになることが経済学を学ぶことの意義である。本書が少しでもそのような学びの助けとなればと思う。

本書では，第1章で国際収支について説明する。ここでまず日本が海外とどれくらいどのような金融取引をしているかを把握していただくためである。第2章では，貿易業者が如何に海外に対して支払いをするか，荷為替手形のしくみを中心に説明する。そしてそのような取引が銀行ではどのように扱われるか，外国為替の決済システムはどのようになっているかも説明する。第3章では，外国為替市場とそこでの取引や相場について説明する。外国為替市場とはどういうものかを説明し，外国為替市場ではドル，ユーロ，円がよく使われていること，取引には先物取引など様々な形態があることも述べる。第4章と第5章は外国為替相場を左右する要因について説明する。外国為替相場は，それぞれの通貨への需要と供給によって決まっている。その需要と供給が如何なる要因に左右されるかということに注目して，第4章では購買力平価説について，第5章では購買力平価説を応用したマネタリーアプローチと資産市場の均衡を考えるアセットアプローチについて説明する。第6章では現存の様々な国際通貨制度を紹介するとともに，日本を中心とした国際通貨制度の歴史を簡単に紹介する。

第7章から第9章では，マクロ経済学で勉強する*IS*-*LM*分析に，外国為替市場の均衡条件を加えたオープンマクロモデルを用いて経済政策分析を説明する。いわゆるマンデル=フレミングモデルとほとんど同じものだが，*IS*-*LM*分析の応用としてよりわかりやすい説明を心がけた。第10章では，外国為替相場が変化するときの経常収支の変化について説明するJカーブ効果と，外国為替相場が変化するときに価格がどれだけ変化するかという外国為替相場の価格へのパススルーについて説明する。第11章では，国際通貨に関わるトピックス（通貨危機，ソブリンリスク問題，最適通貨論の理論）をとりあげて説明する。第12章では伝統的な経常収支の調整の議論とグローバル・インバランスの問題，また新しいオープンマクロ経済学と呼ばれる動学的一般均衡モデルを用いて，ニューケインジアン的な価格硬直性に着目した研究を紹介する。

研究者として，常に論文を書いて投稿しなければいけないという強迫観念を持ち，さらに単独研究より共同研究を優先してきたために，本書のような，単著のテキストの執筆はなかなか進まなかった。その本書がこのように完成したのは長い間おつきあいくださった新世社の御園生晴彦氏と編集実務を担当してくださった谷口雅彦氏のお蔭である。心より感謝し御礼申し上げたい。

私が国際金融を研究したいと思ったのは恩師村本孜先生のゼミで勉強したことがきっかけである。当時，日本の経常収支の黒字が大きいのはおかしい，とアメリカから責められるなかで，日本は経済学的におかしいことをしているのか，それとも政治的にアメリカが攻撃しているだけなのか，どちらが正しいのかを知りたいという気持ちが強かった。大学院では清水啓典先生のもとで学びながら，私の入学当時はまだ講師でいらした小川英治先生やミネソタから帰国されたばかりの伊藤隆敏先生の講義を受けたり，ときには東大に出掛けて行って，河合正弘先生，植田和男先生の講義を聴講させていただいたりした。その後，多くの先生方と共同研究をさせていただいたことから学んだことも大変大きかった。また本書の作成にあたっては，これまで講義を受けてきた学生の意見や，私の大学院の学生であった斉藤秀くん，現在博士後期課程に在籍している大坪ピョートル寛彰くんの意見も参考にした。この場で御礼申し上げたい。

高校時代，数学と物理が好きだったにも関わらず，文系の方が大学生活を楽しめそうだと思って経済学部に行くことを選択した。大学に入ってみて初めて自分がモノを考えることが好きで，そのことくらいしか取り柄がないのではないかと気が付き，研究をしていきたいと思うようになった。これには，医者として科学者としての考え方や生き方を示してくれた父，医学者の家庭で育ち自らは家裁調停員をしていた母，精神分析学，臨床心理学という分野で活躍している姉の影響が大きい。しかし最も直接的に私を励まし助けてくれたのは，大好きな家族である，神経内科医の夫・貴浩，息子・瑛剛と娘・璃莉である。ここに感謝の気持ちを記したい。

2016年12月

神宮前の自宅にて

佐々木　百合

目　次

第1章

国際収支

本章では，国際金融について学ぶための第一歩として，実際にどれくらいの国際金融取引が日本で行われているかを説明する。

本章のポイント

■国際収支表は，国境を越えるお金のやりとりが，ある一定期間にいくら行われたかを示している。

■対外取引をマクロ的に整理すると，貯蓄バランス，財政収支，経常収支の関係が明らかになる。

■対外資産負債残高はこれまでの対外経済取引の結果として海外に対してどれだけ資産や負債を持っているかを示している。

1.1 イントロダクション

「**金融**」とは，その名前の示すとおり，「お金の融通」のことである。その国際版が「**国際金融**」なのだから，国際金融は「国際的なお金の融通」ということになる。国際的にお金を融通する，つまり，貸し借りするのはどういうときだろうか。

まずは国際的なお金を使った取引がどのようなときに行われているのかを考えてみよう。最も簡単に思い浮かぶのが国際的に**財**（モノ）を売り買いする**貿易**である。自国の財を外国に売るとき，つまり輸出をするときにはお金の支払いを受ける。反対に外国の財を買うときは，外国の会社にお金を払う。外国の株などの証券や工場を買ったり，自国の株などの証券や工場を売るときもお金の取引が伴う。このように国際的なお金のやりとりがなされているが，例えばある年に日本が外国に支払った金額と，外国が日本に支払った金額が同じなら，全体でみればお金の貸し借りはないということになる。

しかし，日本が外国から受け取った以上の金額を外国に支払わなければならなければ，外国からお金を借りなければならない。あるいは，高い成長率で経済成長をしている新興国では，新しい工場を建てることでさらなる収益を得ることが見込める。しかしこれまでは発展途上だったために投資するのに十分な資金を持っていないので，そのような国は外国からお金を借りて新しい工場を建てるだろう。このように国際的にお金は貸し借りされている。そしてこのような貸し借りを含む，国境を越えて行われるすべての取引を広い意味で国際金融取引と呼び，それを，自国から外国への支払いと外国から自国への受取りとに分けて，その収支を表したものを**国際収支**という。

国際収支は国際取引の全体を総括したもので，それを表したものを国際収支表という。ここではまず国際収支表のしくみを明らかにし，金融の国際的側面としての国際収支について考察する。

1.2　国際収支表とは

国際収支とは，ある国の国際取引を整理したものである。したがって，国際収支表をみることでどういった分野でどれだけのお金が日本から海外に流れ出て，どれだけのお金が海外から日本に入ってきたのかをとらえることができる。

国際収支表は，厳密に定義すると，一定期間における一国の居住者と非居住者（外国の居住者）との間で行われた全経済取引を体系的に集計・整理して記載したものである。一定期間とは，通常，一か月，四半期，一年などの単位であり，国際収支はその期間内にどれだけ取引がなされたかを表すフロー変数である。居住者とは，国籍に関わらず，その国に長期間居住して経済活動を行う人や企業のことであり，外国企業の子会社・国内支店・長期滞在の外国人や留学生を含む。外交官，外国人旅行者，国際機関とその職員，駐留外国軍関係者はこれに含まれず，非居住者として扱われる。

国際収支表に記録されるのは**全対外経済取引**であり，贈与のように対価を伴わないもの，金銭授受のないバーター取引（物々交換）なども含まれる。これらの全対外経済取引はその性質によって分類され，取引が発生するたびに計上され，いわゆる**複式簿記**（複式簿記については1.5で説明）の原理に基づいて記載される。

国際収支は「外国為替及び外国貿易法」「外国為替令」という法律に基づき，日本銀行により作成され，日本銀行と財務省によって毎月公表されている[1]。

1　国際収支は，日本銀行と財務省のホームページで公表されている。特に日本銀行のホームページでは，用語の説明もついており，大変わかりやすいのでぜひ確認してみてほしい。
　日本銀行「国際収支統計」https://www.boj.or.jp/statistics/br/bop_06/

1.3 国際収支の各項目

国際収支は，図表 1-1 のように大きく四つの項目（1）経常収支，（2）資本移転等収支，（3）金融収支，（4）誤差脱漏から構成されている。

経常収支

経常収支は，貿易・サービス収支，第一次所得収支，第二次所得収支の三つの項目からなる。**貿易・サービス収支**は財の輸出額から輸入額を引いた**貿易収支**と，サービスの輸出額から輸入額を引いた**サービス収支**に分かれている。

貿易収支は目にみえる財，例えば自動車や電化製品などの輸出入の受払を表すものであり，最もイメージしやすいだろう。サービス収支はモノ以外の商品を計上するもので，具体的には**輸送収支**，**旅行収支**，**その他収支**（通信・金融・保険などのサービス）からなる。輸送収支は，船や飛行機など国際的な輸送に関するサービスの収支である。旅行収支は主に日本人（居住者）が海外旅行に行ったとき，あるいは，外国の人（非居住者）が日本に旅行で来たときに使われるお金の額である[2]。海外旅行をしたときに使った金額を誰かに報告した覚えはないと思うが，これはアンケートと，トラベラーズチェック発行額などのデータを合わせて推計されている。

第一次所得収支は直観的に説明すると，日本人（居住者）が稼いだお金から外国人（非居住者）が日本で稼いだお金を引いた差額のことである。具体的には，日本人が外国で稼得した報酬を「受取り」，外国人に対する報酬を「支払い」とする**雇用者報酬**と，**投資収益**の収支，**その他第一次所得収支**，が含まれる。雇用者報酬は，雇用者に対する報酬の支払いが居住者・非居住者間で行われる場合に記載される。投資収益とは，あくまでも投資によって得られた利子や配当金などによる収益部分であ

2　ただし旅行時の航空運賃は輸送収支に分類されている。

■図表 1-1　国際収支の四項目

- (1) 経常収支
  - 貿易・サービス収支
  - 第一次所得収支
  - 第二次所得収支
- (2) 資本移転等収支
- (3) 金融収支
  - 直接投資
  - 証券投資
  - 金融派生商品
  - その他投資
  - 外貨準備
- (4) 誤差脱漏

り，投資額そのものは金融収支に計上されるので注意が必要である。例えば，外国の株を購入するとき，株の購入額は金融収支に記載され，株の配当として定期的に入ってくる金額は第一次所得収支に記載される。投資した株の値上がりなどから得られるキャピタルゲインについては金融収支に含まれることになる。その他第一次所得収支には，天然資源の賃貸料のほか，生産物・生産に課される税や補助金が計上される。

第二次所得収支は，経常移転による所得の再配分を計上する。経常移転による所得再配分とは，保険金や財産贈与，政府の国際協力などの資金の一方的な移転の収支のことである。第一次所得収支に比べればわずかな額である。

図表 1-2 には経常収支を構成している三つの収支，貿易・サービス収支，第一次所得収支，第二次所得収支の推移が描かれている。

貿易・サービス収支は戦後長らく赤字だったが，1970 年代に黒字化してから継続的に黒字となっていた。しかし，2011 年には貿易収支が32 年ぶりに赤字となった。これは，第一に 2008 年 9 月の世界的な金融危機発生による海外からの日本製品に対する需要の減退，第二に 2000年以降の原油価格高騰の傾向，第三に 2011 年 3 月の東日本大震災によ

■図表 1-2　経常収支の三項目の推移

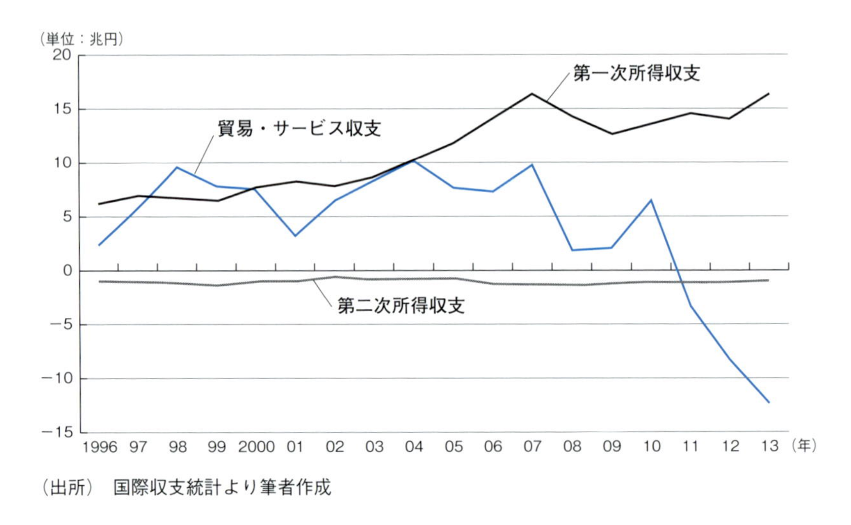

(出所)　国際収支統計より筆者作成

る原発停止のために原燃料輸入が増大したこと，が主な原因である。

2000年以降の最大の特徴は第一次所得収支が増大していることである。第一次所得収支の大きな部分を占めているのは投資収益である。なぜ投資収支が大きな黒字を計上しているかというと，第一に，1990年代から日本の低金利，海外の好景気などを背景に，海外での資産運用が盛んに行われてきたため，累積した国債や株などの資産からの収益が増加した。第二に，人件費が安く，また，円高円安といった為替の影響を受けにくい海外生産が盛んになり，特に中国を中心としたアジアへの生産工場移転が多くなったため，そこから得られる収入が増加してきていることが考えられる。

資本移転等収支

資本移転等収支には，対価を伴わない一方的な取引が記載される。具体的には，「資本移転」と「非金融非生産資産の取得処分」を計上する。「資本移転」には，資産の所有権移転や債務免除，社会資本の提供などが計上される。金額的には非常に小さな割合を占めるものである。

金融収支

金融収支は，居住者と非居住者との間で行われた金融資産負債の取得・処分（受払）を計上する。金融資産とは，例えば国債や株式，銀行を通じた資金の貸出などのことで，負債はこれらの手段を通じてお金を借りる側のことを指している。金融収支は2014年の国際収支関連統計の改訂までは「資本収支」という項目に分類されていた「直接投資」，「証券投資」，「金融派生商品」，「その他投資」という四項目と，それ以外に「外貨準備」という一項目の合わせて五項目からなる。

国際化が進展するなかで，海外への投資は活発に行われるようになり資本取引額は増大している。それに伴い，**直接投資**，**証券投資**，**金融派生商品**，**その他投資**，の四項目の計上額は増大している。特に1990年前後より円高対策としてアジアに生産基地を移す企業が増加し，日本からアジアへの直接投資額が増大した。**図表1-3**をみると，直接投資の収支は海外から日本への投資よりも日本から海外への投資が多いためにプラスとなり，年々投資額が増加していっていることがわかる。

証券投資の収支は海外株式への投資などが増加している時期にはプラスに，逆に外国人投資家が日本株を盛んに取得している時期はマイナスになっている。例えばリーマンショックの直前は欧米の株式市場が高騰していたため，日本からそれらの市場に投資し金融資産を獲得する額が増大している。一方で，金融危機後，欧米に比べて日本市場が安全になったことや，日本でアベノミクスの一環として金融緩和政策が継続されたために，外国人投資家が日本の株や債券を購入する金額のほうが日本人が外国の株や債券を購入する額を上回り，証券投資の収支はマイナスになっている。

金融派生商品は先物・オプション・スワップなどの取引を示している。その他投資は，銀行を通した貸借などを含んでおり，その収支金額は証券投資などに左右されながら大きく変動している。

外貨準備は，かつては外貨準備増減という独立した項目で示されてい

■図表 1-3　金融収支の五項目

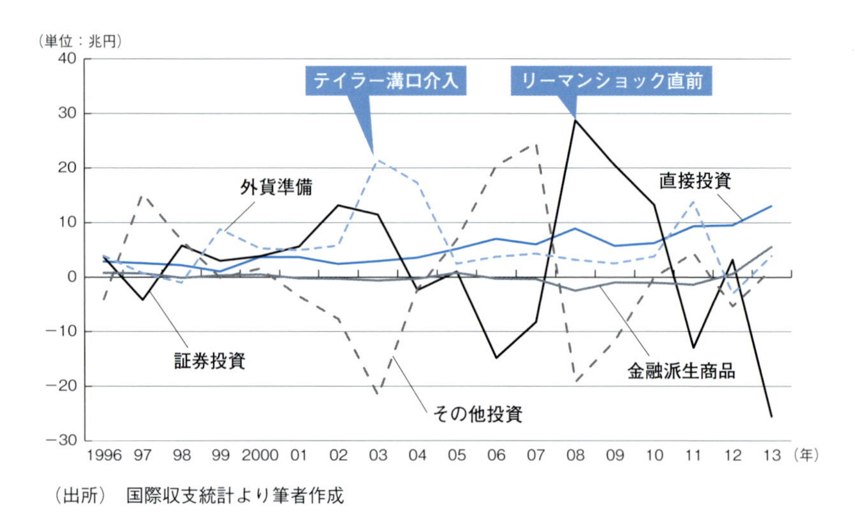

(出所)　国際収支統計より筆者作成

たものである。これは，金や外貨建て資産の形で保有されており，それら資産の期間中の取引が記されている。

外国為替市場の介入時には，外貨準備は増減する。為替相場を円高にするために円買いドル売り介入を行えば，手持ちのドル資産を売ることになるため，外貨準備は減少しマイナス方向に動く。逆に円安にするために円売りドル買い介入を行えば，ドルを買うので外貨準備は増加してプラスに計上される。購入したドルはほとんどの場合，米国債で運用される。

図表 1-3 をみると，外貨準備はほとんどの期間でプラス，すなわち外貨を購入しており，円売りドル買い介入が多く行われてきたことがわかる。また，2003 年～2004 年にかけては外貨準備が大幅に上昇しているが，これは合計約 35 兆円分の円売りドル買いという大規模介入が行われた時期である。当時の財務官の溝口善兵衛氏とアメリカの財務次官であったジョン・ブライアン・テイラー氏との間の打ち合わせがこの介入を左右していたと考えられることから，テイラー溝口介入と呼ばれるこ

ともある。

誤差脱漏は統計上の不突合などにより生じた誤差のことである。経常収支と資本移転等収支，誤差脱漏を足し合わせ，そこから金融収支を差し引くと，国際収支は定義上ゼロになるようになっている。

最後に，我が国の国際収支統計は，2014年4月に「IMF国際収支マニュアル第6版」に準拠した統計に移行した。改正のポイントは，以下の二点である。第一に，資本収支のなかの投資収支と外貨準備増減を合わせて「金融収支」という項目に変更した。第二に，資本収支では，日本の投資家が海外資産を購入すると，その額はマイナスで表示されていた。それは自国から資本が流出することを意味しているため自国のお金が減少するという意味であったが，これが直感的にはわかりにくかったため，金融収支では海外資産を購入するとプラス表示されるようにプラスマイナスを反対にした。

これらは非常に大きな定義の改正であったため，2014年以前の統計を利用する場合には注意が必要である。

1.4 国際収支のマクロ的側面

国際収支は国民経済活動全体のなかでの一面，すなわち対外取引の側面をみたものであるが，その動向は国民経済全体の動きと密接に関連している。そこで，国民経済・金融との関連で国際収支をとらえておこう。

単純化のために，国際収支の取引を財・サービスの輸出 EX と財・サービスの輸入 IM に限定し，第一次所得や第二次所得はないこととする。その場合，輸出から輸入を差し引いた $(EX - IM)$ は経常収支となる。国内需要を消費 C と投資 I と政府支出 G とすると，国民所得 Y の水準は，

$$Y = C + I + G + (EX - IM) \quad (1\text{-}1)$$

国民所得　消費　投資　政府支出　輸出　輸入

と表され，この式は財市場[3]の需給関係を示す。貯蓄 S は所得のうち消費されない部分であるから $S = Y - C$ と表すことができる。(1-1) 式の C を左辺に移項して S と置き換えれば，

$$S = I + G + (EX - IM) \quad (1\text{-}2)$$

貯蓄　投資　政府支出　輸出　輸入

となるので，

$$(S - I) - G = (EX - IM) \quad (1\text{-}3)$$

超過貯蓄　政府支出　経常収支

と表すことができる。超過貯蓄は，国内の貯蓄（S）と投資（I）の *IS* バランスを示しており，国内への投資 I 以上に国内の貯蓄 S があるときにプラスになる。政府支出は，ここでは税金を引いた政府の支出超過部分であり，つまりこれが正の値なら，財政収支が赤字であることを示している。この式より，政府支出をゼロとすれば国内経済が貯蓄超過の状態のときには経常収支は黒字であり，貯蓄超過をゼロとすれば政府支出が正であるなら経常収支は赤字となることがわかる。

日本のように貯蓄超過額が政府支出を上回っているときには (1-3) 式の左辺が正となり，日本には**余剰資金**が存在することになる。ここで自国と外国の二国だけが存在すると仮定すると，その余剰資金は外国に投資され，その資金の額だけ外国の主体は自国の財・サービスを多く購入することができる。したがってその資金額がちょうど輸出超過，すなわち経常収支に相当し，経常収支は黒字になっているはずだ。国際取引が行われない場合には，余剰資金があっても貸し出す先がなく，あるいは逆に資金を借り入れたくても貸し出してくれる相手がいないので，経常収支は常にゼロとなる。

3　財・サービスの市場（生産物市場）を指す。

1.5 計上方式

国際収支は簿記のように**複式計上方式**をとっており，取引は**貸方**と**借方**に同額だけ計上される。具体的には，簿記では帳簿の右側（貸方）に資本金，借入，収入などの「資金の出所」を記載し，左側（借方）に投資（機材，仕入れなど），貸付，出費などの「資金の用途・所在」を記載する。これと同様に国際収支表でも，経常収支でいえば，財・サービスの輸出額が左側（貸方）に記載され，輸入額は右側（借方）にマイナスをつけて計上される（図表 1-4 参照）。

これだけではわかりにくいので，一つ例をあげてみよう。日本のA企業がアメリカに1000万円の商品を輸出したとしよう。その輸出額は経常収支の貿易・サービス収支のなかの「輸出」の項目の貸方にプラスの値で計上される。一方，A企業はドルで支払いを受け，その支払いを日本にある口座で受け取ったとしよう。これは日本にあるドル資産の増加であり，前述の概念でいうと外貨資産の購入になるので，金融収支の「その他投資」の借方にマイナスで記載される。

このとき，A企業が日本の口座に円で支払いを受けたとしよう。すると，外国企業が保有していた円預金という資産が日本に戻ってくるので，

■図表 1-4　バランスシート（複式簿記）の例

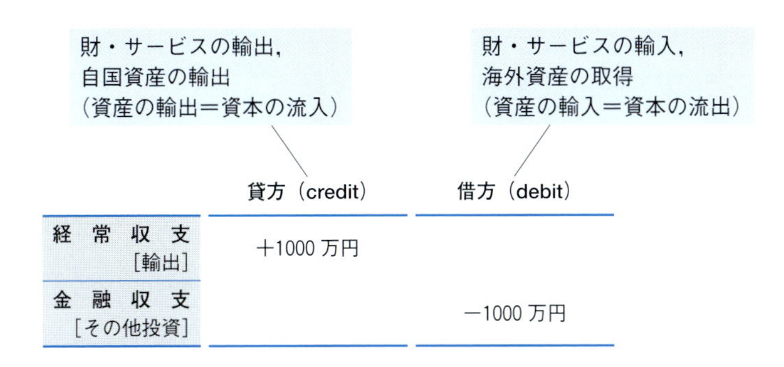

	貸方（credit）	借方（debit）
経常収支［輸出］	＋1000万円	
金融収支［その他投資］		－1000万円

これは自国資産の輸出を減らすこととなり，同じく借方にマイナスで記載されることとなる。

1.6 対外資産負債

国際収支に現れるようなフローの取引を蓄積した結果，ストックとしての残高が如何なる値になっているのかを表しているのが**対外資産負債残高**である。対外資産負債残高は，ある時点で居住者が海外に保有する金融資産と，非居住者が日本国内に保有する金融資産の残高を計上している。**図表 1-5** は 2015 年末の対外資産負債残高を示している。日本の対外純資産（対外資産 − 対外負債）は，約 339 兆円であり，前年より下がったものの，この金額は長期的には増加を続けている。

直接投資残高は，対外直接投資残高（資産）が約 151 兆円で，対内直接投資残高（負債）が約 24 兆円となっている。差し引いたネット（差）の残高はプラスであり，日本から海外事業を拡充するために直接投資している金額のほうが，海外から日本に直接投資している金額より多いということになる。

証券投資残高は日本人が海外の証券や債券等を取得するとその資産が上昇し，海外の経済主体が日本の証券や債券等を取得すると負債が上昇する。近年では，日本の個人投資家の投資意欲が増加していることを背景に，資産額は増加している。日本の証券や債券等を購入する外国人投資家も増加しているが，ネットでみると証券投資の純資産額はプラスであり，日本人が海外に投資している額の方が大きい。

金融派生商品残高，**その他投資残高**も増加傾向にある。その他投資残高は，主に銀行の資産負債に大きく左右されて決まる。最近は，海外における円資金需要に対応して資金を供給することで資産が増加している。

外貨準備はここ数年は外国為替市場への介入が行われていないために大きな変化はないが，外国為替相場の変動に伴う評価増減によって変化している。現在の資産残高は約 148 兆円となっており，その 9 割以上が

■図表 1-5　本邦対外資産負債残高の内訳（2015 年末）

（単位：10 億円）

資　産	15 年末残高	前年末比	負　債	15 年末残高	前年末比
直接投資	151,615	9,598	直接投資	24,384	636
証券投資	423,159	13,220	証券投資	320,550	35,469
金融派生商品	44,969	▲11,319	金融派生商品	45,553	▲14,003
その他投資	180,433	▲2,624	その他投資	218,979	8,392
外貨準備	148,553	▲2,527			
資産合計	948,729	6,348	負債合計	609,466	30,495
			純資産合計	339,263	▲24,147

（出所）財務省「本邦対外資産負債残高」

米国債で運用されている。日本だけでなく，中国も同様に介入を通して米国債の保有を増加させてきている。日本と中国を合わせるとアメリカの財政赤字のかなり大きな部分を支えていることになり，これがグローバル・インバランスとして世界的な経常収支不均衡の問題の大きな懸念材料となっている（第 12 章参照）。

確認問題

(1)　国際収支の四項目，経常収支の三項目とは何か。また，現在の日本のそれぞれの項目は赤字か黒字か。

(2)　円高対策として外国為替市場に介入するとき，国際収支表のどの項目がどのように変化すると考えられるか。

第2章

対外決済のしくみ

本章では，実際に国際金融取引がどのように行われているかをみるために，貿易業者からみた対外決済と，銀行からみた対外決済について説明する。

本章のポイント

■貿易決済の主な方法は荷為替手形のしくみを用いている。

■銀行と顧客の間では対顧客外国為替相場が用いられる。

■外国為替のマクロの決済システムは，外国為替円決済制度と呼ばれる。

2.1 イントロダクション

本章では，海外への支払い（**対外決済**）のしくみとして，**外国為替による決済**について説明する。

海外への支払いは，通常，外国の財やサービス，資産の売買などに伴い行われる。国内での決済との違いは，第一に，現金，小切手，あるいは送金という決済方法が少なく，特に貿易においては，多くの場合，**荷為替手形**が用いられるということである。これは一つには，国内取引とは異なり，取引相手の信用状態を正確に把握するのが難しいためである。また，輸送に時間を要するため，その間のリスクがあることと，支払いと受取りの間の資金のつなぎが必要になるからである。第二に異なる点は，契約によって，外国通貨が用いられることがあるということである。これらの理由により，貿易においては国内取引とは異なる様々な手続きが必要となる。

外国為替というと，円とドルやユーロなどの通貨の交換がまず思い浮かぶかもしれないが，そのような通貨の交換のしくみ（外国為替市場のしくみ）については第3章，通貨の交換の相場の決定（外国為替相場の決定）については第4章と第5章で説明する。本章で扱うのは，対外決済に伴う外国為替取引のしくみである。

国際金融を学ぶときに，本章で扱うような貿易の実務的側面には触れていないテキストもある。しかし，そもそも国際金融が行われる理由の一つである貿易の実務を知ることで，決済のタイミングや，リスクヘッジの重要性についての知識を得ることができる。さらに，現実的な諸手続きを理解しておくと，より大きな範疇である外国為替市場について学ぶときの助けとなるだろう。

そこで，本章ではまず，2.2において，実際に貿易を行い，対外決済をするときに必要になる，外国為替取引の諸手続きを説明する。これは，銀行の顧客側である，輸出入業者の手続きである。2.3においては，外国為替取引のしくみを説明する。そこでの論点は，2.2に対応して，顧客から対外決済の申し出があるときに，銀行部門が如何なる取引，あるいは操作を行うか，ということである。また2.3では，銀行側からみた顧客との外国為替取引と対顧客外国為替相場についても説明する。2.4では，外国為替の決済システムについて説明する。そこでは，2.3において説明する銀行の外国為替取引が，如何なるシステムを通して処理されているのかを紹介する。

2.2 荷為替手形のしくみ

本節では，貿易の際，外国為替で対外決済を行うときに必要な諸手続きを説明する。先に述べたように，貿易においては，送金や小切手による決済に比べて，「荷為替手形」というしくみを用いた決済が多く行われている。そこで，ここでは，荷為替手形による決済のしくみを中心に貿易の実務を考える。まず，貿易の実務とは如何なるものであるかをそのタイミングを明確にしつつ簡単に紹介し，その後で，個々の手続きについて説明する。

貿易の実務の流れ

貿易の実務は，大きく分けると，(1) 取引開始前の準備，(2) 交渉・契約，(3) 輸送，(4) 代金の授受，という四つの段階を経て行われる。

取引開始前の準備は，主にマーケットの分析，取引相手の調査，貿易を行うにあたり諸手続きをとることのできる体制づくり，などである。貿易に伴う手続きは国内のそれとは大きく異なるので，体制づくりは重要である。そのうえで，取引銀行や，民間興信所などを通し，取引相手を調査し，準備を整える。

次に，取引相手に目星がついたら，連絡をとり，交渉を始める。交渉の方法は，直接取引相手に会ったり，国際電話，ファックス，メールを用いる。2000年頃までは，テレックスという端末を用いた通信が多く行われており，当時文字数でコストが決まっていたため，経費を節約する目的で貿易用語を短縮したものを用いていた。そのような文章のことを**貿易通信文**といい，Business Correspondenceを略してコレポンと呼んでいた。今でも，貿易業務で通信文を送るときにこのコレポンという用語が用いられることがある。

交渉が進み，取引内容がほぼ確定したら，輸入側がオファーを請求し，輸出側が「売りオファー」を出す。そして，場合によっては幾度かのオファーのやりとりを行った後，買い手が売りオファーをアクセプトすると契約が成立する。契約時には，契約書を二つ作成し，両者が保管する。契約書には，商品の明細をはじめとし，貿易条件，船積み条件，支払条件，保険条件などを明記する。貿易条件については次項で詳しく説明する。

さて，以上のように契約が成立した後，財の輸送，代金の決済が行われる。この二つは取引の信用上，同時進行で行われることが多い。その場合，**船積書類**と**為替手形**を用いるが，この組合せを**荷為替手形**という。荷為替手形による決済では，まず，輸出業者が船積書類を用意し，銀行で為替手形を作成してもらう。この二つを合わせた荷為替手形をもって，輸出業者は銀行から代金を商品を出荷するときに受け取ることができる。この時点でまだ輸入業者は支払いをしていないので，銀行は，一時的に輸出業者にお金を貸している状態にある。

銀行は荷為替手形を，輸入業者の取引先銀行に送り，取引先銀行は輸入業者に通知する。その後，通知を受けた輸入業者は代金を銀行に支払い，ここで銀行はお金を回収したことになる。輸入業者は支払いをしなければ船積書類を受け取れない。支払いと交換に船積書類を受け取り，それをもって商品を受け取ることができる。したがって，荷為替手形による決済とは，貿易では国内取引に比べて時間がかかり，危険が高いことを考慮したうえで，銀行の信用リスクを減らしながら輸出入業者が適切な時期に代金の授受をできるようにするシステムということができる。

また，このような荷為替手形の多くは**信用状**を伴っているが，信用状を用いない取引もある。信用状を用いない場合は，輸入者が手形を決済するまで，輸出者に対する代金の支払いは行われないので，輸出者にとってリスクは大きくなる。輸入者にとっては，信用状の発行手数料などの費用がかからないので有利になるといえる。

貿易条件（Trade terms）

貿易では，商品が輸出業者の手を離れてから，輸入業者が受け取るまでの間に時間を要し，輸送にも危険が伴う。例えば，ワインを運んでいた船が嵐に遭遇し，大半のワインが海上で破損してしまったとしよう。この場合，ワインはすでに輸出業者の手を離れているから輸入業者が損失を被るのか，それとも，輸入業者の手にまだ渡っていないのだから輸出業者が損失を被るのだろうか。このような条件を明確に決めておかないと問題が起こるので，如何なる時点で商品の所有権が輸出業者から輸入業者へ移るか，あるいは，如何なる時点で商品の監督責任が移るか，ということを，契約時点で明確にしておかなければならない。このような，商品の受け渡しや，保険の費用の負担などを決めた条件を一般に**貿易条件**（trade terms）という。

貿易条件は，国際的に統一されているほうが誤解もなく，スムーズに契約ができるので，国際商業会議所が，「**インコタームズ**（Incoterms, International Commercial Terms）」というものを定めている[1]。インコタームズというと馴染みがない人でも，CIF や FOB といった条件は耳にすることがあるだろう。CIF や FOB というのは，インコタームズのなかでも代表的な条件であり，日本の財務省発表の貿易統計では，輸出は FOB 建ての金額，輸入は CIF 建ての金額が用いられている。これは，税金をかけるという観点から輸出については日本を離れる時点，輸入については日本に入ってきた時点を基準としているからである。現在のインコタームズは，2010 年の改正により，11 種類の条件が定められている（図表 2-1 参照）。

図表 2-1 の条件は，上から下にいくにつれ，輸出業者の負担が大きくなり，したがって，輸出業者の設定する価格は，それらの費用を反映し

1　ただし，アメリカではインコタームズの他に，「改正アメリカ貿易定義」という貿易条件が用いられることがある。

■図表 2-1　インコタームズに定められる貿易条件（2010 年改正）

I.　あらゆる輸送形態に適した規則
（Rules for Any Mode or Modes of Transport）

EXW	Ex Works	工場渡
FCA	Free Carrier	運送人渡
CPT	Carriage Paid To	輸送費込
CIP	Carriage and Insurance Paid To	輸送費保険料込
DAT	Delivered at Terminal	ターミナル持込渡（新設）
DAP	Delivered at Place	仕向地持込渡（新設）
DDP	Delivered Duty Paid	関税込持込渡

II.　海上および内陸水路輸送のための規則
（Rules for Sea and Inland Waterway Transport）

FAS	Free Alongside Ship	船側渡
FOB	Free On Board	本船渡
CFR	Cost and Freight	運賃込
CIF	Cost, Insurance and Freight	運賃保険料込

て高くなる。例えばEXWは，実際にこの条件が用いられることはほとんどないが，工場出荷時点まで輸出業者が責任を持てばよく，価格も工場出荷時点のものとなる。よく用いられる条件であるFOBは，輸出業者が輸送船に商品を乗せるまで，あるいは航空会社に引き渡すまでの費用と危険を負担するものである。したがって，FOB建ての価格には，「FOB TOKYO」というように，輸出港の名前をつける。また，CIFは，輸送運賃，保険料まで輸出業者が負担するものである。CIFは，輸入港到着までの費用を輸出業者が負担するので，FOBとは異なり，価格には，到着地の名前をつける。当然ながら，まったく同じ貿易取引であれば，FOB建て価格より，CIF建て価格のほうが，輸送費，保険料の分だけ高くなる。

貿易条件に関して注意を要するのは，物品の危険は，FOBでもCIFでも，「物品が本船の船上に置かれた（On board）」時に売主から買主に移転するということである。したがって，CIFの場合，例えば本船で輸送中に事故が起こると，輸出業者が設定した保険が輸入業者に適用されることになる。これは，国内取引ではほとんどの場合，商品を受け取った時点で所有権が移転するのと，大きく異なる点である。

荷為替手形

貿易実務の流れで説明したように，貿易においては，国内取引とは異なり，輸送には時間がかかり，その間の危険も大きい。そのため，輸出業者が出荷時点ですぐに代金を受け取るとなると，輸入業者は販売までの期間が長いため，資金繰りを考えなくてはならなくなる。また逆に，輸入業者が商品を受け取った時点で代金を支払うことにすると，輸出業者は，生産後，長い期間代金を受け取ることができなくなる。しかし，輸出業者は出荷後速やかに代金を回収でき，輸入業者は商品を受け取る時点で支払いを行うのが望ましい。そこで，輸出業者が出荷してから輸入業者が受け取るまでの間（これはほぼ輸送期間に相当する），一時的に銀行が資金を仲介する荷為替手形が用いられる。

ただし，銀行が資金を仲介している間に，商品がなくなったり，輸出業者に代金を支払ったりした後，輸入業者から代金を回収できないリスクがある。そのため，荷為替手形では，銀行は輸出業者から，商品の船積書類を為替手形と一緒に受け取っておく。そして，輸入業者は代金の支払いを行わないかぎり，交換に船積書類を受け取ることができず，よって商品を受け取ることができない，というシステムがつくられているのである。

1. 船積書類

船積書類は，輸出業者が用意し，為替手形とともに，銀行に持ち込み，銀行に買い取ってもらい，代金を回収する。船積書類は，船荷証券（Bill of Lading，B/L），商業インボイス（Commercial Invoice），保険証券（CIF などのときには不要）などのことである。

船荷証券とは，船荷に関する有価証券であり，船積書類のなかでも最も重要なものといえる。これは，輸出業者の要請に基づき，船会社が発行する。そして，他の書類と合わせて船積書類として，輸出業者から輸出国銀行，輸入国銀行を経て最終的に輸入業者に譲渡される。後に輸入業者は，この船荷証券を船会社に提出して，商品を受け取る。したがって，船荷証券は，輸出業者にとっては，船会社による輸出貨物の受領書という役目も果たしており，輸入業者にとっては，貨物の請求権利証券という役目を果たしている。

船荷証券には，船積者，荷受人，貨物の詳細，運賃などが記載される。貿易の形態などによって，船荷証券にはいくつかの種類がある。例えば，FOBの場合は，輸出業者が先に運賃を支払うので，**支払い済み船荷証券**（Prepaid B/L）を発行してもらうことになり，CIFの場合は到着先で輸入業者が運賃を支払うので，**取り立て船荷証券**（Collect B/L）を発行してもらうことになる。その他にも，高速輸送などの場合には船荷証券の原本提出を必要としない運送状（**Waybill**）という簡略式のものが発行されるときもある。航空輸送の場合の船荷証券に相当するのは，**航空貨物運送状**（Air Waybill，AWB）である。運送状は，船荷証券とは異なり，有価証券ではなく，貨物の受領証にすぎない。したがって，相手の信用状態がわからない場合には，運送状の荷受人を輸入国銀行にしたり，決済を送金や信用状なしの取り立て手形（B/C）によって行ったりする。

商業インボイスとは，貨物の明細を記載したもので，船積後，輸出業者が作成する[2]。そこには，商品の数量，価格をはじめ，船積に関する確定事項を記載する。商業インボイスは，輸出業者から輸入業者への代金請求書の役割を果たし，また，輸入業者の仕入書としての役割も果たす。

海上**保険証書**は，FOBなどの場合には輸出業者が用意する必要はないが，CIFなどのように，輸出業者が保険費用を負担する契約のときには，これが必ずいる。FOBの場合でも，輸入業者がつける保険は通常海上保険であるので，出荷時から本船までの輸送に保険をかけることもある。

以上の，船荷証券，商業インボイス，保険証書が船積書類のなかで最

2　通関手続きにも商業インボイスが必要なので，船積前に通関用，買取用の両方に用いることのできるものを作成しておくこともある。

も重要なものであるが，それ以外に，重量容積証明書，原産地証明書，領事査証，包装明細書，などが必要となることがある。

2. 為替手形

貿易をする場合，為替手形は輸出業者が作成し，船積書類とともに銀行に持ち込み，支払いを受けることは前に説明した。そのとき，輸出国銀行は，その為替を輸入国銀行に送付し，代金を振り込んでもらう（取り立てる）手続きをとる。それゆえ，このような為替は，**取り立て為替**，あるいは**逆為替**と呼ばれる。その反対に資金を送るときには，**送金為替**，あるいは**並為替**という。銀行における為替取引のしくみは次節で説明することとして，ここでは，輸出業者，輸入業者に必要な手続きを説明する。

輸出業者は，銀行に用意されている**手形用紙**を用いて為替手形を作成する。国内での為替決済との違いは，まず，手形を二通作成する組手形が用いられるということである。これは万一の事故に備え，輸出国銀行が輸入国銀行に二度に分けて，手形を送付するためである。

為替手形用紙は，**図表 2-2** のようなものである。そこには，手形番号，手形金額，手形の振出地，振出日，手形期限，手形の受取人，手形金額，輸入者名，名宛人，振出人などを記入する。また，信用状付荷為替手形の場合には，信用状の発行銀行名，番号などを記入する。手形金額は，商業インボイスの金額と同じものを記入する。例えば，何かの理由で契約金額と商業インボイスに記載された価格が異なる場合でも，商業インボイスの金額が，実際に船積みされた商品の代金の額だからである。また，日本の為替手形は，商法の手形要件が適用される。

為替手形を用いる決済は，信用状を用いる決済と，信用状を用いない決済の二つに大別できる。信用状を用いる決済では，輸出業者は，手形作成の後，船積書類と信用状をつけて輸出国銀行に持ち込み，輸出国銀行は，輸出業者に代金を支払う。そして，輸出国銀行は，船積書類と手形を二度に分けて送付し，輸入国銀行はこれを受け取り，輸入業者に通知をする。信用状の開設，発行などの手続きは貿易に特有のものである

■図表 2-2　手形用紙

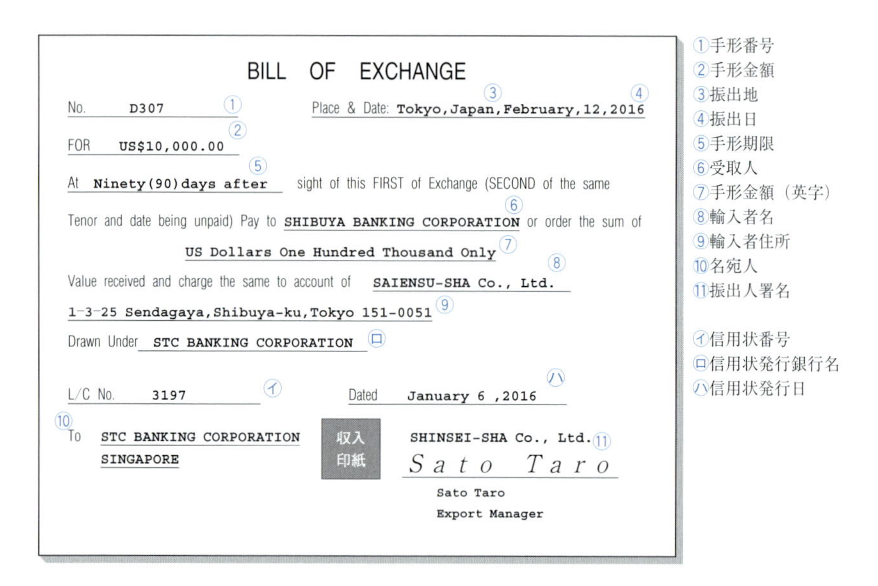
BILL OF EXCHANGE

No. D307 ① Place & Date: Tokyo,Japan,February,12,2016 ③ ④

FOR US$10,000.00 ②

At Ninety(90)days after ⑤ sight of this FIRST of Exchange (SECOND of the same Tenor and date being unpaid) Pay to SHIBUYA BANKING CORPORATION ⑥ or order the sum of

US Dollars One Hundred Thousand Only ⑦

Value received and charge the same to account of SAIENSU-SHA Co., Ltd. ⑧

1-3-25 Sendagaya,Shibuya-ku,Tokyo 151-0051 ⑨

Drawn Under STC BANKING CORPORATION ㋺

L/C No. 3197 ㋑ Dated January 6 ,2016 ㋩

⑩ To STC BANKING CORPORATION SINGAPORE

収入印紙

SHINSEI-SHA Co., Ltd. ⑪

Sato Taro

Sato Taro

Export Manager

ので，次に説明する。

信用状を用いない決済には，**手形支払書類渡し**（Documents against Payment，**D/P**）と**手形引受書類渡し**（Documents against Acceptance，**D/A**）がある。D/PとD/Aの違いは，その後，輸入業者が決済をするときの方法である。D/Pの場合には，輸入業者が輸入国銀行に為替手形金額をただちに支払うが，D/Aの場合には，あらかじめ合意したサイトの満期日に輸入業者が為替手形金額を支払うことを引き受ける，という形をとるのである。したがって，　D/Pより，D/Aのほうが，輸入業者の資金繰りが楽になる。主な流れは信用状付きの場合と同様だが，信用状がない場合は輸出国銀行は手形と船積書類に保険をかけるのが通常である。

信用状（L/C）

信用状とは，輸入業者の依頼に基づき，輸入国銀行が発行するもので，**L/C**（Commercial Letter of Credit）と呼ばれる。信用状は，輸入国銀行が，輸入業者にかわり，代金支払を保証するものである。信用状に関するルールは，国際商業会議所が定めた**信用状統一規則**（荷為替信用状に関する統一規則および慣例）に定めてある。

輸出業者との間で信用状決済をすることに合意したら，実際に信用状を開設するには，輸入国銀行に信用状開設依頼書を提出する。そして，発行手数料，通信費などを払うが，支払い保証額が大きいときには，担保を求められることもある。信用状を開設することが決まると，輸入国銀行は信用状発行銀行として，荷為替信用状を発行し，輸出国の通知銀行にこれを送付する。そして，通知銀行は信用状を受け取った旨，輸出業者に通知する。通知銀行は，通常，輸入国銀行の本支店，現地法人，コルレス先（取引約定を結んでいる銀行）のいずれかである。

信用状にはいくつかの種類がある。基本的には，取消不能（Irrevocable）のものと，取消可能の違いがあるが，通常は取消不能の信用状が用いられる。最もよく用いられるのが，銀行信用状（Banker's L/C）で，輸出業者が振り出す為替手形の名宛人を銀行と規定している信用状である。また，信用状の場合にも，**一覧払い**（at sight），つまり，輸入業者が手形金額をただちに決済するものと，**サイト付き**のものがある。一覧払いの信用状は，先のD/P，サイト付きの信用状は，先のD/Aに相当する。さらに，信用状には，確認信用状というものがあり，これは，信用状発行銀行の支払い確約に加えて，支払い確認銀行が支払いを保証する信用状である。これにより，支払いは二重に保証されることになる。

取引が長期に渡るときには，**回転信用状**（Revolving L/C）が用いられることもある。回転信用状は，一定期間の間，例えば月間の取引額を信用状金額として，一か月の取引が終わると，またその信用状を次の月にも使えるようにしたものである。このようにすることで，毎回信用状を新たに発行する必要もなくなる。この他にも，譲渡可能な信用状や，買取り銀行を指定した信用状などがある。

荷為替手形以外の決済

貿易においては荷為替手形による決済が中心であるが，ここではその他の方法について簡単に説明する。

荷為替手形を用いない決済には，送金小切手による決済，郵便，電信による送金（振込み），現金による決済がある。このような決済方法は，例えばサービスに対する対外決済，海外に居住する人への送金など，貿易以外の理由によって，標準的に用いられている方法である。

現金による決済はほとんど行われないので，送金小切手，振込みによる決済をまとめて，**送金決済**として，貿易を行う時に送金決済を用いる場合について簡単に説明する。送金決済は，主に小口の取引や，本支店間の取引などのように取引先の信用状態が把握されている場合に行われることが多い。送金決済は，前払いと後払いの別がある。前払いの場合には，輸入者はまず，小切手，あるいは振込みにより，輸出業者に送金する。送金を受領した輸出業者は，船積手配を行い，船積書類を輸入業者に二度に分けて送付する。輸入業者はその船積書類をもって，貨物を引き取る。後払いの場合には，輸出業者がまず船積手配を行い，船積書類を輸入業者に送付する。そして，輸入業者は船積書類をもって貨物を受け取った後に送金を行う。

2.3 外国為替取引の銀行業務

2.2では，貿易を実際に行う，輸出業者，輸入業者の手続きを紹介した。本節では，2.2で説明したような決済が行われるときに，銀行側ではどのような手続きが行われているか，つまり銀行の対顧客業務を説明する。銀行間で，それらの決済が処理されるシステムについては，2.4で説明し，外国為替市場については第3章で説明する。

前述のように，為替には並為替と逆為替がある。並為替とは，顧客が取引相手に送金を行う時に用いるものである。逆為替は，顧客が取引相手から資金を取り立てる（送金してもらう）ときに用いる。逆為替の代

■図表 2-3　並為替と逆為替

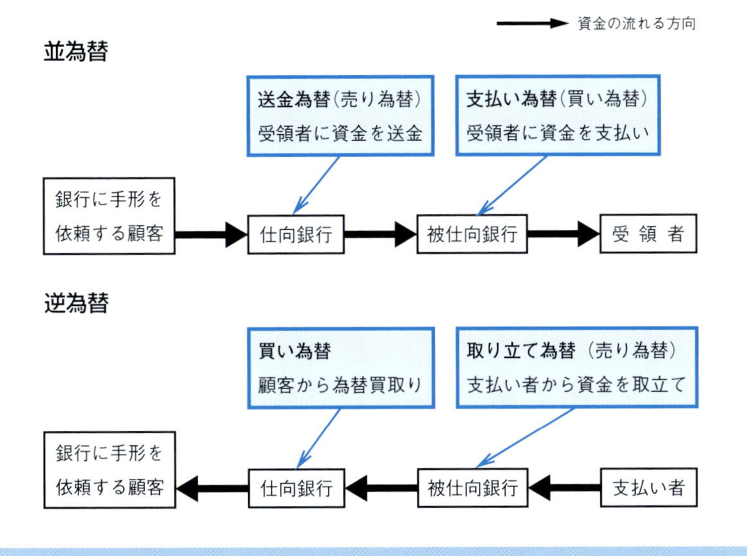

表的なものが，前節で説明した荷為替手形である。

顧客の依頼により為替に取り組む銀行は，**仕向銀行**という。これとは逆に，仕向銀行から送られてきた為替を処理する銀行は**被仕向銀行**という。仕向銀行からみたときに，**並為替**は（受領者に向けて）送金を行うものであり，並為替は送金為替とも呼ばれる。また，被仕向銀行からみると，並為替は受領者に資金を支払うものであるので，**支払い為替**と呼ばれ，**逆為替**は支払い者から資金を取り立てるものであるので，**取り立て為替**と呼ばれる（**図表 2-3** 参照）。

並 為 替

顧客から為替の依頼を受けた仕向銀行が取り組む為替手形は，**仕向為替**と呼ばれる。並為替の場合，仕向銀行は顧客から資金を受け取り，為替を取り組むので，顧客への為替の売却ということになる。したがって，これは**売り為替**である。このとき具体的には，仕向銀行は被仕向銀行に，支払いを指図する。このときの支払い指図は，受領者に通知して支払うように指図するadvise and pay（**A/P**）と，受領者に通知せず，受け取りに来てから支払うように指図するpay and application（**P/A**）がある。

支払い指図を受けた被仕向銀行は，これを支払い為替として受け，受領者に対し支払いをする。これは被仕向銀行にとっては為替の買取りであり，買い為替となる。このとき被仕向銀行が支払う代金は，仕向銀行から受領することになるが，そのシステムについては2.4にて説明する。

逆為替

逆為替の場合は，仕向銀行は顧客に代金を支払い，為替を買い取る。荷為替手形のときには，為替手形と船積書類を受け取ることになる。このときの為替は，**買い為替**と呼ぶ。買い為替という言葉は，並為替のときに被仕向銀行が資金を支払う時にも用いられるが，狭義には，この逆為替において買い取る為替を指す。仕向銀行は被仕向銀行に支払い者からの取立てを指図する。

指図を受けた被仕向銀行は，支払い者から支払いを受ける。これは為替の売却であるから，売り為替である。荷為替手形の場合，ここで船積書類を支払い者に渡す。荷為替手形は，船積書類が担保の役割を果たすが，それ以外のときは，通常顧客は別途担保を差し出す必要がある。

対顧客外国為替相場

以上のようにして，為替による決済が行われるが，そこで使われる相場は銀行間でつけられる相場（**インターバンク市場**）と区別して**対顧客外国為替相場**という。対顧客外国為替相場は，大口顧客向けでは，銀行間（インターバンク）の取引相場に連動して1日のなかでも変動するが，小口の取引については，午前10時頃のインターバンクの相場をもとに，各行がその日の「**中値**（なかね）」[3]を決定し，その日はその中値を中心にして手数料や金利を考慮して各相場が決められる[4]。

3 「仲値」とも書く。

4 この制度は1990年9月から実施されている。それまでは，午前10時の市場相場の中値を基準として決定した相場を全銀行共通の対顧客外国為替相場の中値としていた。

まず，TTS，TTB，という基本となる相場から説明しよう。TTSやTTBというのは**電信売買相場**のことで，電信為替，つまり郵送など他の手段ではなく，電信システムを用いて送金するときなどに用いられる相場である。電信為替は，顧客との間ですぐに決済されるため，銀行が資金を一時的に立て替える必要がない。したがって，電信売買相場には，そのための金利が含まれず，純粋に手数料がかかるだけである。2016年現在，ドルの電信売買相場の手数料は，1ドルにつき1円である。**電信売り相場**（Telegraphic Transfer Selling Rate，**TTS**）は，「銀行」が顧客にドルを「売る」時の相場であるから，その日の中値に1円を足した相場となる。つまり，銀行はドルを高く売ることで1ドルにつき手数料1円を手にする。反対に，**電信買い相場**（Telegraphic Transfer Buying Rate，**TTB**）は，銀行が顧客からドルを買う相場であるから，その日の中値から1円を引いた相場となる（銀行はドルを安く買い取る）。

図表2-4には，2015年5月22日の三菱東京UFJ銀行の相場が示されている。その日の中値は121.07円だったが，図表をみると，TTSが122.07円，TTBが120.07円となっていて，それぞれ中値から1円ずつ離れた値になっていることが確認できる。送金小切手や，トラベラーズチェックなども，電信相場が設定される。TTS, TTBの手数料が1「ドル」につき1「円」というように，外貨1単位に対して決まった円価額が適用されているが，1ドルの円建て額は70円台であったり120円台であったりと大きく変動するので，1円という手数料は70円に対する1円であったり，120円に対する1円であったり，円建てに換算すればそのたびに変わることになる。1ドルにつき1円というのは計算もしやすく利便性は高いかもしれないが，様々な手数料が自由化され，IT技術の進展で低価格化しているなかで，最近，外貨預金などには低い手数料がつけられていることがあるものの，いまだに多くの電信取引では1円という固定した手数料が用いられているのは違和感を覚える。

2.2で説明した貿易の決済に用いられるのが，一覧払い相場，あるいは期限付き手形相場である。一覧払いというのは，支払者である輸入業者が手形の提示を受けたとき，すぐに代金を支払うときに使われる相場

■図表 2-4　対顧客向け外為相場の例（2015 年 5 月 22 日）

通貨名	TTS	ACC	CASH S.	TTB	A/S	D/P・D/A	CASH B.
USD（米ドル）	122.07	122.24	123.87	120.07	119.90	119.60	118.07

（出所）　三菱東京 UFJ 銀行ホームページ（http://www.bk.mufg.jp/gdocs/kinri/list_j/kinri/kawase.html）

用語解説

TTS	Telegraphic Transfer Selling	電信売り相場
ACC	Acceptance Rate	信用状付一覧払い輸入手形決済相場
CASH S.	CASH Selling	現金売り相場
TTB	Telegraphic Transfer Buying	電信買い相場
A/S	At Sight Rate	信用状付一覧払い輸出手形買相場
D/P	Documents against Payment	信用状なし輸出支払条件渡し
D/A	Documents against Acceptance	信用状なし輸出引受条件渡し
CASH B.	CASH Buying	現金買い相場

である。これに対して例えば 90 日という期限がついていれば，90 日以内に支払えばよい。信用状を用いて一覧払いをするときの輸入手形決済相場は，**信用状付一覧払い輸入手形決済相場**（Acceptance Rate，ACC）という。この相場は，輸入業者が決済するまでの金利をおりこんでいるので，電信売り相場より中値からの乖離幅が若干大きい。図表 2-4 によると，ドルの ACC は 122.24 円となっており，0.17 円ほど電信相場より高くなっている。

逆に，輸出業者から一覧払いの手形を買い取る相場は，**信用状付一覧払い輸出手形買相場**（At Sight Buying Rate，A/S）という。この相場は，銀行が輸出業者に先に資金を支払い，そのお金を輸入業者から受け取るまでの金利をおりこんでいるので，電信買い相場（120.07 円）より安く，ここでは 119.9 円となっている。信用状がないときの輸出の引受・支払条件渡しの相場は，信用状がない分低めとなり，ここでは 119.6 円となっている。ここには記されていないが，支払いまでの期限が設けられる場合は**期限付き手形買相場**（Credit Buying，Usance Buying Rate）が用いられ，その期間に応じた金利をおりこんだ相場がつけられる。

■図表 2-5　ドル以外の通貨の現金売買相場

	CASH S.	CASH B.	中値からの幅（売買平均，円）	手数料(%)
参考　USD（米ドル）	123.87	118.07	2.9	2.4
EUR（ユーロ）	138.56	130.56	4	3
GBP（イギリス・ポンド）	201.66	177.66	12	6.3
SGD（シンガポール・ドル）	96.59	84.93	5.83	6.4
THB（タイ・バーツ）	4.1	3.16	0.47	12.9

（出所）　CASH S. と CASH B. は図表 2-4 と同様（中値からの幅，手数料は筆者が算出したもの）

ここで，対顧客現金売買相場をみてみよう。我々が普段旅行に行くときに日本円を外貨の現金に交換する際に適用される相場である。図表 2-4 をみると，現金売り相場（CASH S.）が 123.87 円，現金買い相場（CASH B.）が 118.07 円になっている。中値が 121.07 円だったので，銀行が 1 ドルを売るのに 2.8 円の手数料がかかり，銀行が 1 ドルを買うのに 3 円の手数料がかかっていることになる。銀行が外貨の現金を持つということは，金利を稼ぐことができないことに加えて，為替リスクにさらされる。そのため手数料が高くなっているのである。

以上の説明はすべて円ドル相場を基本として説明してきた。最後にドル以外の通貨との相場についてみてみよう。図表 2-5 には，いくつかの通貨の現金売買相場が示されている。例えば，参考に書いてあるように，米ドルの場合は中値から現金売買値への幅は，平均すれば 2.9 円となる。同じように，ユーロなら 4 円，イギリス・ポンドなら 12 円，タイ・バーツなら 0.47 円，となる。これらの手数料は，1 ユーロ，1 ポンド，1 バーツに対してかかるものなので，比べるときには，1 ドルに対して何パーセント手数料がかかるか，という形に合わせる必要がある。図表 2-5 の「手数料（%）」をみると，ドルの 2.4% に対して，ユーロが 3%，ポンドが 6.3%，とかなり違いがあることがわかる。同じアジアのなかでも，取引の多いシンガポール・ドルは 6.4% だが，取引量の少ないタイ・バーツは12.9%となっている。タイ・バーツを1万円分購入するためには1290円の手数料を支払わなければならない計算なので，かなりの手数料といえる。

以上の相場はすべて直物相場と呼ばれるもので，顧客向け取引では即日決済されるが，それ以外に先物為替相場，オプション相場などがある。これらの為替取引を貿易業者は主にリスクヘッジの目的で用いる。先物取引，オプション取引のしくみについては，第4章で説明する。

2.4 外国為替の決済システム

本節では，外国為替に関する金融機関間の決済システムについて紹介する。2.3では，個別の銀行が対顧客の外国為替業務を如何に行っているかを説明した。現実にはそのような対顧客業務が何件もあり，一つの銀行は，仕向銀行でもあり被仕向銀行でもある。ここでは，これらの外国為替が銀行間で如何に決済されているかを説明する。

仕向銀行と被仕向銀行は，通常本支店関係にあるか，**コルレス契約**（取引約定）を結んでいる。コルレス先のなかでも特に取引額の多いところには，**決済勘定**を開設しておき，その勘定を通して決済が行われる。そして，その後，仕向銀行と被仕向銀行の間で受け払いが行われる。

以下ではまず，外国為替の銀行間決済システムとして，外国為替円決済制度について説明し，決済に必要なデータを提供するSWIFT，多通貨同時決済システムであるCLS銀行について説明する。

1. 外国為替円決済制度

外国為替取引における銀行間の決済には，様々な通貨が使われる。それらの決済は，それぞれの通貨を発行している国で行われるか，あるいは多通貨同時決済（Continuous Linked Settlement，CLS）で行われる。ここではまず，円を発行している日本で行われる外国為替の決済を扱う**外国為替円決済制度**について説明する。

外国為替円決済制度は，海外企業が日本国内へ円資金の振込みを依頼する場合や，金融機関同士が外国為替の売買を行った場合などに，「円資金の決済」を行うためのシステムのことである。例えば，円を支払って，ドルを受け取る，といった取引が行われる場合，円を支払う部分はこの外国為替円決済制度が用いられ，ドルを受け取る部分については，ドルの発行国であるアメリカで取引が行われる。現在この制度は，全国銀行協会により運営されているが，実際の支払指図の伝送等の事務は，全国銀行協会から委託された日本銀行が**日本銀行金融ネットワークシステム**（日銀ネット）を利用して行っている。

2. SWIFT

SWIFT（Society for Worldwide Interbank Financial Telecommunication，国際銀行間通信協会）は，決済システムではなく，世界各国からの参加銀行間の取引データの交換を可能にするシステムで，本部はベルギーのブリュッセルにある。日本は，1976年に加盟，1981年から稼働を開始している。このシステムには，1987年から証券会社も準メンバーとして参加することができるようになり，日本の証券会社も1989年から加入し始めた。

SWIFTは国際的な銀行間取引のデータ交換をするためのものなので，各金融機関にはコードが割り当てられており，例えば送金などをする場合にもこのコードが必要となる。SWIFTコードは8文字か11文字で構成されており，初めの4文字がどこの金融機関であるかを表し，次の2文字が国名，次の2文字が所在地を表し，最後の3文字が支店を表している。

3. CLS銀行[5]

CLS銀行とは，2002年から稼働し始めた多通貨同時決済のためのシステムのことである。外国為替円決済制度のところで説明したように，

5 CLS銀行の解説は，中島・宿輪（2013）第8章が詳しい。

各国通貨建ての支払いは，当該通貨の発行国で行われる。そのため，例えば円の決済は日銀ネットの稼働時間内に限られるし，ドルの決済はアメリカの決済システム稼働時間に限られる。すると，円を支払ってドルを受け取る，といった取引は，それぞれ異なる時間帯に行われる可能性があり，支払いだけを済ませた状態で，何か問題が起これば受取りを完了できないというリスクを伴っている。このような決済リスクが実際に発生したのがドイツのヘルシュタット銀行事件である。1974年にドイツのヘルシュタット銀行が破綻した際，ドイツへの支払いをしていたものの，米市場がまだ開いていなかったために，その対価としての米ドルを受け取ることができなかった銀行が損失を被った。このような時差による問題を防ぐために設立されたのがCLS銀行である。この種の決済リスクを減らすため，PVPというしくみが使われている。**PVP**とは，Payment Versus Paymentのことで，一方の通貨の支払いが，相手の通貨の支払いが行われた場合にのみ決済される，という**同時決済**のしくみのことである。

CLS銀行で扱う通貨の種類は，米ドル，ユーロ，円など17通貨（2015年現在）である。これらの通貨の発行国の中央銀行にCLS銀行が口座を保有している。例えば，日本の中央銀行にもCLS銀行の口座がある。ここを通じて決済のための資金支払いや受取りが行われる。また，決済メンバーになっている銀行はCLS銀行に各通貨建ての口座を持つ。そして，このCLS銀行内の口座同士で決済が同時に行われる。簡単にいうと，中央銀行を通して払込み（**ペイイン**）が行われ，CLS銀行内で口座のつけかえで互いの決済が行われ，最終的な支払い（**ペイアウト**）はまた中央銀行の口座を通して行われる。CLS銀行を通じた決済は年々増えており，世界最大の決済システムとなっている。

確認問題

(1)　荷為替手形のしくみが貿易に限って用いられる理由をあげなさい。

(2)　対顧客外国為替相場の手数料が最も安いと考えられるのはどの取引か答えなさい。

参考文献

中島真志・宿輪純一（2013）『決済システムのすべて』第3版／東洋経済新報社

第3章

外国為替市場と外国為替取引

本章では，世界中の通貨が交換される市場である外国為替市場が如何なるものであるか，そこではどのような取引が行われているかを説明する。

本章のポイント

■世界全体の外国為替市場では，ドル，円，ユーロが多く用いられている。

■外国為替の取引には，直物取引・先物取引・オプション取引がある。

■外国為替相場には名目相場と実質相場，実効相場などがある。

3.1 イントロダクション

本章では，各国の通貨が交換される市場である外国為替市場とは如何なるものか，そこではどのような取引が行われているかについて説明する。

3.2では，外国為替市場について説明する。外国為替市場では様々な通貨が日々大量に交換されている。外国為替市場とはどういうもので，誰がどのように取引をしているのか説明する。3.3では，外国為替市場では，どれくらいの通貨が取引されているのか，どういった通貨同士がよく交換されるのか，それはどうしてか，といったことについて説明する。3.4では外国為替の売りと買いの差であるビッド・アスク・スプレッドについて述べる。3.5では，直物取引，先物取引，オプション取引などといった様々な外国為替取引について説明する。

3.2 外国為替市場

外国為替という言葉は日々耳にするが，そもそも「為替」とは何だろうか。為替の由来について，**為替手形取引**を解説をしよう。為替手形取引は，江戸時代に江戸と大坂の間での取引が盛んになった時に発展したといわれている。当時江戸と大坂の間での取引のたびに金銭のやりとりをするのは時間がかかるだけでなく，移動中に金銭が盗まれるリスクも高かった。そこで，江戸と大坂の両替商を利用した為替取引が行われるようになったのである。

図表3-1にあるように，そのしくみは，次のように説明できる。例えば江戸の商人が大坂から反物を仕入れるとき，支払いを江戸の両替商に対して行う。大坂の反物商は，大坂の両替商から支払いを受ける。つまり，両替商が金銭を立て替えて，決まった期日に，江戸と大坂の両替商のそれぞれが立て替えた取引を清算して，差額だけをやりとりする。こ

■図表 3-1　江戸時代の為替取引

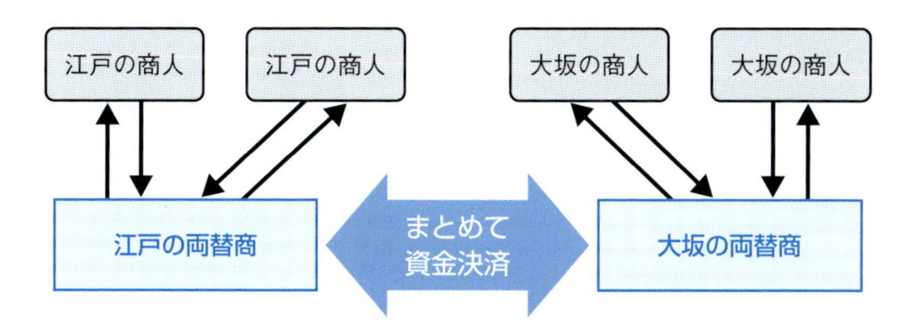

うすることで，江戸と大坂の間での金銭の移動は決まった期日のみで済むし，金額も少なくて済む。図表 3-1 のように，現金を手形などに替えて支払いをするときに，その証書のことを「為替」という。また，そのような取引のことを「為替取引」と呼ぶ。ちなみに，「為替」という言葉は，「替える」ことを「為（な）す」もの，つまり，お金と替える証券，という意味だといわれている。

外国為替取引はこのような為替の取引を海外との間で行うことである。この取引は第 2 章の荷為替手形や送金などで説明したように自国と外国にある銀行を通して行われる。外国為替取引の特徴は，自国通貨と外国通貨を交換することが必要になるところである。そしてその交換比率のことを「**外国為替相場**」といい，通貨を交換する市場のことを**外国為替市場**と呼ぶ。

外国為替市場は，広い意味では，銀行の窓口におとずれた顧客との取引や，銀行間の取引など，通貨交換が行われるすべての市場のことを指す。しかしこれを大きく二つに分けると，銀行と顧客の間で外国為替取引が行われる**対顧客外国為替市場**と，銀行間の外国為替取引が行われる**インターバンク外国為替市場**とに分けられる。狭義では，外国為替市場というとき，インターバンク市場だけのことを指す。

インターバンク取引と対顧客取引は，しばしば卸売と小売の関係にあるといわれるように，銀行は，インターバンクで取得した通貨に手数料をのせて顧客に売却し，顧客から手数料をとって買い取った通貨をインターバンクで売却する。さらに，そのような対顧客取引に伴う通貨の売買だけではなく，銀行は自らの外国為替のポジションを調整するという役割も持つ。

次節では，インターバンク市場を中心に，日本の外国為替市場と各国の外国為替市場の比較をし，インターバンク市場における取引について説明する。

3.3 外国為替市場での取引通貨

インターバンク市場と対顧客市場のうち，対顧客取引については，第2章にて簡単な説明を行ったので，ここでは，インターバンク取引について説明する。

日本の外国為替市場（インターバンク市場）は，東京にある。東京外国為替市場は，戦後の完全管理体制が終わり，1952年7月に再開された。その後，変動相場制への移行，外国為替取引に関する規制緩和，日本経済の発展などを背景に，取引規模は増大していった。 外国為替に関する法律としては，「**外国為替及び外国貿易法**」があり，通称「外為法（がいためほう）」と呼ばれる。1998年に現在の形に改正されるまでは，外為法で外国為替市場に参加できるのは，大蔵省（現財務省）に許可された外国為替公認銀行だけと定められており，それらの銀行を「為銀（ためぎん）」と呼び，そのような制度は為銀主義（ためぎんしゅぎ）と呼ばれていた。現在はそのような制限はない。

外国為替市場はモニターを通して取引を行う**スクリーンマーケット**であり，特に取引の場を持たない。例えば銀行のディーリングルームには大きなディーリングボードが備え付けられており，そこにはロイターなど，電子ブローキングの仲介をする会社が提供しているモニターや，インターネット，電話回線などが並んでいる。外国為替を扱うディーラーたちは，主にそのモニターに映し出される数値をみながら売り買いの注文を出す。世界中から同じような方法で売り注文買い注文が出されて，売買が成立している。

インターバンク市場の参加者は，**銀行**，外国為替の「**ブローカー**」といわれる仲介業者，市場介入を財務省が決めたときに取引に入る**日本銀行**である。銀行は，顧客との取引に応じて，あるいは，自己の外国為替の資金残高や，持高を調整するために，銀行間で外国為替の売買を行う。インターバンク市場での取引は，かつて国内では，平日の午前9時から正午までと，午後1時半から午後3時半までと時間が規定されていた。しかし，東京市場が閉まっても時差のある海外で取引することは可能で，海外での取引が増加することで取引時間というものも形骸化されてきたため，1994年末からは，特に時間を制限しないこととなっている。したがって24時間取引をすることが可能であるが，新聞などでは寄り付き（その日の初めの相場）を東京市場の取引が増加し始める午前9時の相場，終値を東京市場の取引が減少する午後5時の相場として発表している。

インターバンク取引は，銀行間同士で直接取引を行う**ダイレクト・ディーリング**と**ブローカーを経由する取引**がある。ダイレクト・ディーリングでは，ロイターなどが提供するモニターを通して注文を出したり，出ている注文をとりにいったりする。ブローカーを介すときはディーラーに希望の売り買い注文を伝えて取引相手を探してもらう。

最近の世界的な外国為替取引の状況については，BIS（Bank for International Settlements，国際決済銀行）が3年に一度大規模な調査を行い，そこで得られたデータを発表している。その調査によると，世界中の外国為替取引を合わせると，1日でおおよそ平均6.7兆ドル（1ドル＝120円で計算して約800兆円）になる。**図表3-2**は，2013年の世界各国の外国為替市場の一日平均取引高（直先，スワップ合計）のうち上位5位を示したものである[1]。上から順に，イギリス（ロンドン市場）が1位，2位がアメリカ（主にニューヨーク市場），3位がシンガポール，4位が日本（東京市場），5位が香港となっている。イギリスのシェ

1　詳しくはBIS（2013）を参照のこと。

■図表 3-2　外国為替市場の国別取引シェア

（2013年4月調査，1日平均，単位：%）

第1位	イギリス	40.9
第2位	アメリカ	18.9
第3位	シンガポール	5.7
第4位	日本	5.6
第5位	香港	4.1

（出所） BIS（2013）

アは実に40%以上であり，イギリスのロンドン市場が国際金融の中心となっていることがわかる。これはイギリスがかつて国際金融取引を自国に戻すために金融ビッグバンという規制改革を行い，規制の少ない取引のしやすい市場をつくったことが一因である。また，EUのなかでイギリスはユーロ通貨を用いておらず，かつて基軸通貨であったポンドという自国通貨を使用している。EU域内の取引が増加しているためにポンドとユーロの間の取引も増大しており，ますます取引量が多くなっているのである。

外国為替市場規模の推移を示したのが図表3-3である。1998年から比較して取引金額は4倍近く増加している。また，イギリスの占めるシェアは年々増加している。また，5位までにシンガポールと香港が入っていることからもわかるように，近年アジアの取引も増加している。この背景には中国をはじめとしたアジアの新興国の経済発展に伴い外国為替の取引額が増したことがある。また，シンガポールや香港は英語でビジネスがしやすいこと，香港は中国とのパイプが強く，シンガポールはアジア全体の中継地となっていることなどがあげられる。シンガポールはさらにそれらの需要を取り込むために，税制を優遇したり，インフラを整えたりという努力もしてきた。現在では，アジアに拠点を置くというときに真っ先にシンガポールの名前があがるようになってきている。その結果，2010年調査までは日本が3位だったが，2013年調査でシン

■図表 3-3　外国為替取引の推移

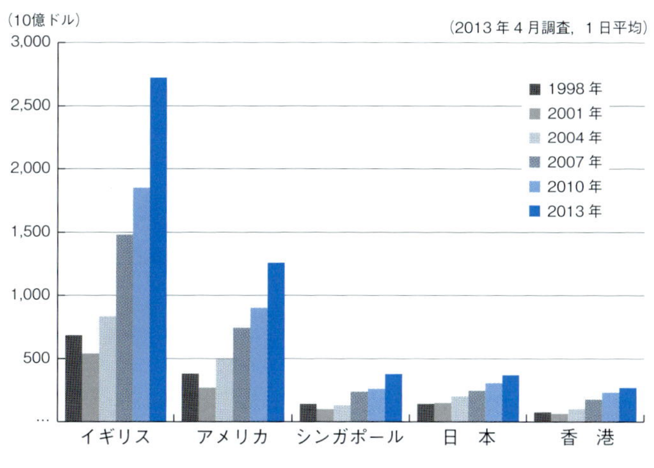

(出所) BIS (2013)

■図表 3-4　通貨別外国為替取引額

(2013年4月調査，1日平均，単位：10億ドル)

第1位	米ドル	4,652
第2位	ユーロ	1,786
第3位	日本円	1,231
第4位	ポンド	631
第5位	豪ドル	462

(出所) BIS (2013)

ガポールに抜かれ4位になっている。

次に，如何なる通貨が世界で最も取引されているかを示したのが，図表 3-4 である。1位が米ドル，2位がユーロ，そして3位が日本円で，4位のポンドを大きく引き離した値となっている。つまり，日本での取引額は近年シンガポールなど，アジアの各国に抜かれつつあるが，日本円が取引されている額はアジアの他通貨に比べればまだまだ大きいのである。米ドルは，後に詳しく述べるが，国際的な媒介通貨となっているた

■図表 3-5　取引通貨ペア別の外国為替取引シェア

（2013年4月調査，1日平均，単位：%）

第1位	米ドル・ユーロ	24.1
第2位	米ドル・日本円	18.3
第3位	米ドル・ポンド	8.8
米ドルを含まない取引第1位	ユーロ・日本円	2.8
米ドルを含まない取引第2位	ユーロ・ポンド	1.9

（出所）BIS（2013）

めに，非常に高い値となっている。

図表 3-5には，外国為替取引の通貨ペアが取引額の多い方から三組示されている。取引全体を100% として，米ドルとユーロを交換する取引が最も大きく，全体の約4分の1にあたる24.1% を占めている。続いて米ドルと日本円の取引が18.3%，3位が米ドルとポンドの取引となっている。ここには掲載していないが，米ドルが片側にくる取引を合計すると取引全体を100% として，88% になる。

なぜ米ドルを片側とする取引がここまで大きいのだろうか。アメリカの貿易規模は世界で2位だが，シェアは世界全体でみれば1割にも満たないし，88% には到底及ばない。この理由は，国際通貨の取引は基本的にドルを仲介して行われていることにある。例えば日本円をタイ・バーツに交換するとき，タイ・バーツを日本円に交換したい人を探して直接取引するのではなく，いったん日本円を米ドルに換えてから，米ドルをタイ・バーツに換えるのである。こうすることで，取引相手が探しやすくなり，取引のコストを抑えることができる。このような仲介の役割を果たす米ドルはしばしば「**媒介通貨**（Vehicle currency）」と呼ばれる。つまり，米ドルは，通貨のなかの通貨という役割を担っているのである。

3.4 ビッド・アスク・スプレッド（bid-ask spread）

通貨のビッド（買い値）とアスク（オファー；売り値）の差額のことを，ビッド・アスク・スプレッド（bid-ask spread）と呼ぶ。通常ドルの場合，ビッド・アスク・スプレッドは1ドルにつき1銭（0.01円）以下である。ビッド・アスク・スプレッドは，手数料を反映して決まる。図表3-6はその例を表している。

ビッド・アスク・スプレッドは通貨によって違うが，なかでもドルが最も小さい。ビッド・アスク・スプレッドは売買の差であるから手数料，あるいはマージン（儲け）に相当するが，よく取引される通貨ほど，競争が激しく，小さくなる。対日本円取引でも，ドルの取引が，最も盛んに行われているためビッド・アスク・スプレッドが最も小さい。

ビッド・アスク・スプレッドは，同じ通貨であっても，ときによって，あるいは，取引者によって異なる値となる。例えば，取引しようと思っている通貨の為替相場が大きく変動しているときには，ビッド・アスク・スプレッドを大きくして，慎重に売買を行う。これは，注文が出て取引が成立するまでの間に，相場が大きく変動するリスクがあるからで

■図表3-6　ビッド・アスク・スプレッドの例

例：日本人がドルを買いたいといってきたときに，
取引相手が提示する値段

ビッド（買い値）	アスク（売り値）
1ドル＝125円19銭	1ドル＝125円20銭

当然，相手は安く買って高く売るから，ビッド（買い値，買い取ってくれる値段）の方が安い。

ビッド・アスク・スプレッドは1銭になる。

ある。また，早く大量に売買を行いたいときなどには，ビッド・アスク・スプレッドを小さくする。ビッド・アスク・スプレッドを小さくするということは，中値が同じなら，他の銀行に比べて安く売り，高く買う，ということである。よって，売買そのものの利益は小さくなるが，注文は多くなり，取引を早く成立させることができる。また，売りを急いでいるときには，売値を安めにして，買値を高めにする，といったことで取引を早く成立させることもある。

3.5 外国為替取引と外国為替相場

本節では，外国為替のインターバンク市場において，どのような取引がなされているのかを説明する。外国為替のインターバンク取引には，直物取引をはじめ，先物（フォワードまたは先渡し）取引，通貨先物（フューチャーズ）取引，オプション取引など，様々な形態がある。特に近年，様々な技術革新，リスクの増大に伴い，リスクヘッジ手段，投機手段としてのデリバティブ取引が急激に増加している。

外国為替取引（1）：直物取引

1. 直物取引とは

直物（じきもの）**取引**は，様々な外国為替取引のうち，最も基本的なもので，一般的に「外国為替相場」というときは，直物取引につけられる相場である**直物相場**を指している[2]。直物取引を定義すると，「取引成立後二営業日以内に為替の受け渡しが行われる取引」のことである。直物取引は最も早く受け渡しが終了する取引である。

現在では，カナダ・ドル（翌営業日），香港ドル（当日，または翌営業日）以外の通貨は，ほとんど二営業日後に受け渡しが行われている。

2　英語そのままでスポット（Spot rate）と呼ぶこともある。

このように，時間をおいて実際の受け渡しを行うのは，時差を考慮し，事務処理の時間を十分にとるためである。ただし，第2章で説明したように，店頭で対顧客との間で行われる直物取引の場合は，時差もないので，即日受け渡しがなされる。

2. クロスレート（裁定相場）

クロスレートは，**裁定相場**とも呼ばれ，円・ユーロや，ユーロ・ポンドなど，ドルを対価としない直物取引の相場のことである。通貨の価格である外国為替相場には，モノの価格と同様に以下のような「裁定」（価格差の発生を捉えて利益を得る行為によって価格が同一になること）が働く。例えば，円をユーロに換える相場は，円をドルに換えてからドルをユーロに換える相場と同じになる。先にも述べたように，インターバンク取引では，例外はあるものの，ほとんどすべての取引が対ドルで行われる。そこで，例えば円をポンドに交換したいときには，円を一度ドルに換えてから，ドルをポンドに換える。そのときの円建てのポンドの直物相場（1ポンド＝○○円という相場）は，円建てのドルの直物相場（1ドル＝○○円）に，ドル建てのポンドの直物相場（1ポンド＝○○ドル）をかけたものになる。

もしもこのように算出した円建てのポンドの直物相場のほうが高ければ，誰も円とポンドを直接換えようと思わないので相場を下げることになるし，これより低い相場がつけば，取引はすべて直接取引に流れるため，相場は上がるはずである。よって，結局，以上のように，円・ポンドのクロスレートは，円ドル相場とポンド・ドル相場をかけて導出される裁定相場となるのである。

3. 実効為替相場

直物取引について説明したので，関連して実効為替相場と実質為替相場というよく使われる相場について説明する。

まず，**実効為替相場**（effective exchange rate）とは，ある通貨の価値を一つの通貨と比較するのではなく，複数の通貨と比較するときに用いるものである。具体的には複数の為替相場の加重平均値のことである。

例えば為替相場と輸出の関係を考えてみよう。為替相場が変化すれば，輸出競争力も変化する。円安になればそれまでに比べて安く日本製品を売ることができるので，価格競争力が高くなるといわれている[3]。そのときの「為替相場」とは，対アメリカ輸出であれば円ドル相場であるし，対ドイツ輸出であれば，円ユーロ相場である。そして日本の輸出全体を考えるときには，日本は様々な国に輸出しているのだから，これらの相場を組み合わせた相場を用いなければならない。そこで，それぞれの国への輸出シェアをウェイトとして為替相場にかけたものを合計した加重平均値を導出し，それを実効為替相場として用いるのである。例えば，日本の輸出先が4割アメリカ，4割中国，2割ユーロ圏向けだとしよう。すると，実効為替相場は次のように表すことができる。

日本の輸出の実効為替相場 ＝ 0.4 × 円ドル相場 ＋ 0.4 × 円人民元相場
＋ 0.2 × 円ユーロ相場

ただし，円ドル，円人民元などの相場はそれぞれ単位が異なるので，1ドル＝○○円，1人民元＝○○円，という値をそのまま加重平均することはできない。そこで通常，1円＝○○ドル，という形に直してから指数化して加重平均する。

実効為替相場には，名目為替の数値を加重平均する**名目実効為替相場**と，次に説明する実質為替の数値を加重平均する**実質実効為替相場**がある。また，ここで説明した輸出シェアを用いたものだけでなく，輸入シェアを用いるものもあるし，**一人あたり労働コスト**（Unit Labor Cost, **ユニットレイバーコスト**）などを用いて導出した実質為替相場を加重平均する実質実効為替相場もある。

図表 3-7 は，日本の輸出の名目実効為替相場を示している。このデータはBISが作成しているものだが，日本銀行のデータサイトにも掲載されている。そこでは日本の輸出先上位61か国のウェイトを用いて加

3　為替相場と輸出入の関係について詳しくは第10章で説明する。

■図表 3-7　日本の名目実効為替相場と円ドル相場（2010 年＝100）

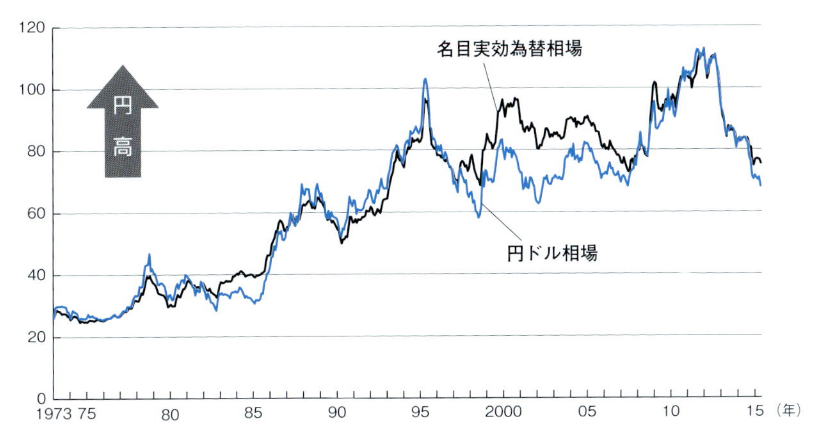

（出所）　日本銀行 HP データより筆者作成

重平均値を出している[4]。これをみると，日本円は，輸出先国通貨に対して，全体として上昇してきていることがわかる。そして 2008 年のリーマンショックの後に大きく円高（グラフでは上方）になり，2012 年のアベノミクス後は円安に転じている。グラフには青い線で円ドル相場もプロットした[5]。実効相場のうち円ドル相場が占める割合がある程度高いこと，アメリカと並んで輸出シェアの高い中国の人民元は長らく米ドルにリンクしていたことなどから，実効相場は円ドル相場とかなり似た動きをしている。しかし，例えば 2015 年の値を比べれば，円ドル相場は実効相場よりもさらに円安を示しており，ドルが相対的に他の通貨よりも強くなっていることがわかる。

4　ただし，ウェイトは 3 年に一度見直している。詳しくは，BIS のホームページで説明されている。http://www.bis.org/statistics/eer.htm

5　実効相場と比較しやすいように円ドルレートについても，1 円ごとのドルの相場（1 円＝○○ドル）を 2010 年を 100 とした指数にして表示しているため，上方に行くほど円高になる。

4. 実質為替相場

GDPに名目と実質があるように，為替相場にも名目と実質がある。実質為替相場を定義すると以下のように表すことができる。

$$実質為替相場 = \frac{(名目為替相場 \times 外国物価)}{自国物価}$$

この値の分子は，外国物価に為替相場をかけて自国通貨建てに直したものだ。例えばアメリカのドルで表された物価に円ドル相場をかけて円建てに直したものである。この値を自国物価で割っていることから，実質為替相場とは，自国の物価を1としてみたときの外国物価の大きさを示しているといえる。言い換えれば，二つの国の財・サービスの相対価格，あるいは，一国の財・サービスを他国の財貨と交換できる比率ということもできる。

名目為替相場が1ドル＝100円だとすると，これは1ドルと100円が等しいことを指している。しかし，アメリカで1ドルで売られているリンゴと同じものを日本で100円で買えるかといったらそうとは限らない。1ドルと100円は等しくても，物価は異なるからだ。そこで，それぞれの国の通貨の名目的な比率ではなく，物価全体を比較したのが**実質為替相場**なのである。

円安になると日本の輸出産業にとって価格競争上有利である，といわれている。これは円安になれば，同じ100万円で売っている車の値段が以前に比べてドル建てで安くなるために，価格競争をしている場合，日本企業にとって有利になるという議論である。しかし，名目為替相場が円安になっても，例えば日本の物価そのものが非常に速い速度で上昇していたらどうだろうか。そのときにはいくら名目為替相場が円安になったとしても，日本製品がそれを上回る割合で値上がりしているので，日本製品はドル建てでみても決して安くならないだろう。つまり，輸出入への影響を考えるには名目為替相場だけではなく，物価がどのように変化しているかも考慮にいれるべきなので，その両方を合わせた実質為替相場の動きをみるべきであることがわかる。ただし，物価は一般的に調整に時間がかかるため，物価がほとんど動かないような短期には名目為

■図表 3-8　名目実効為替相場と実質実効為替相場（1995 年 1 月＝100）

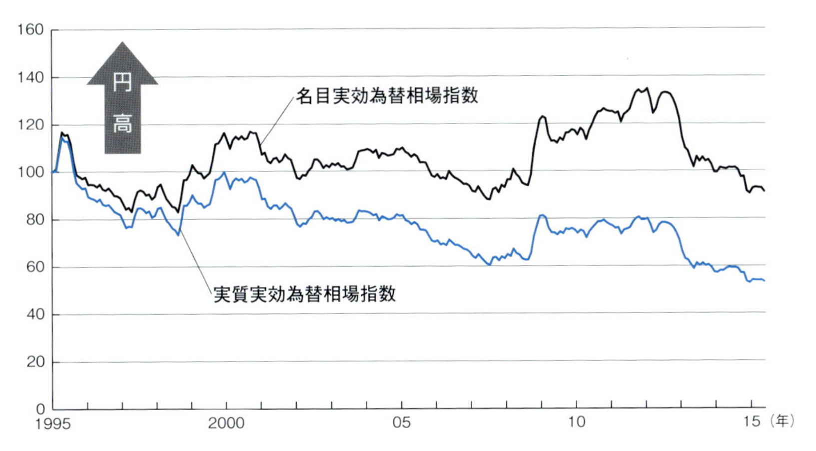

（出所）　日本銀行 HP データより筆者作成

替相場をみれば十分である。

実質為替相場を先ほどの式で表すとすると，この値が小さいほど，自国の物価が相対的に高い。よって，実質為替相場が小さくなるのは，

・名目為替相場が円高になるとき

・自国の物価が高くなるとき

・外国の物価が安くなるとき

であることがわかる。

5. 名目実効為替相場と実質実効為替相場

実効と実質という概念について理解したうえで，実際のデータをみてみよう。図表 3-8 には，最近の日本の名目実効為替相場と実質実効為替相場がプロットされている。この二つの値は近年乖離しているが，その理由はどこにあるのだろうか。

二つのグラフの違いは名目か実質かの違いなので，この差は物価動向の違いから生まれたことになる。図をみると，名目実効為替相場に比べて，実質実効為替相場のほうが円高になっていない。これは日本と海外

■図表 3-9　物価の推移（1995 年＝100）

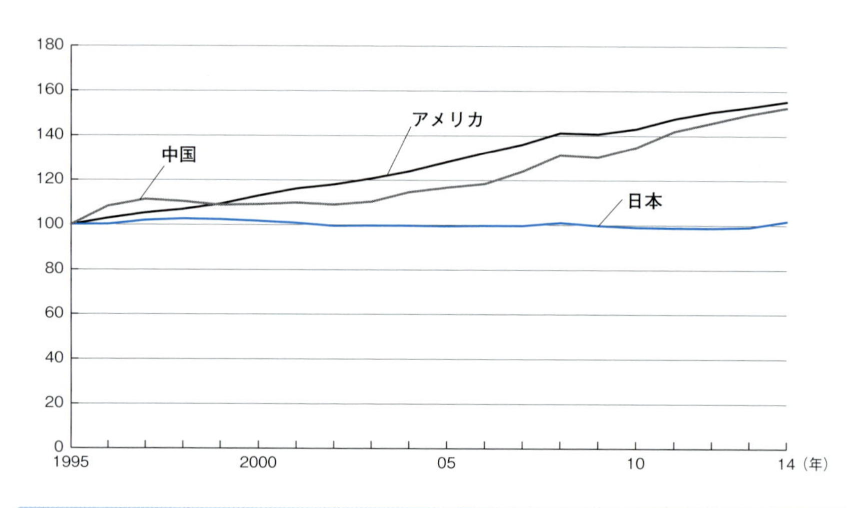

の物価の動向が最近大きく異なって推移してきたからだ。図表 3-9 には日本とアメリカ，中国の物価がプロットされているが，日本の物価がここ 20 年ほど，ほぼ動いていないようにみえるのに対して，明らかに海外の物価は上昇している。例えばアメリカと中国は，1995 年を 100 とすると，2014 年の物価は 150 に達している。ここにプロットしていない，イギリスなど主要国もほぼ同じような物価の動きをしている。つまり，この間に日本と海外の物価には大きな差が生じ，それを均衡させるように名目為替相場が円高に動いてきたということができる。

2008 年の金融危機後の 30～40% もの（名目の）円高は輸出産業に多大なるダメージを与えるということで大きな話題となった。しかし，一部の学者から指摘されていたように，実質でみると為替相場はそれほど円高にはなっていないのである。いくら名目為替相場が円高になり，日本製品が 30～40% 高くなっても，アメリカ製品は物価上昇によって 50% 近くも値上がりしてきたのだから，それほどの実質円高ではなかったといえるのである。そして 2012 年秋からのアベノミクスによる円安により，名目相場は再び大きく円安になった。その後の相場は実質実効相場でみても，2008年の金融危機直前の状況を上回る実質円安となっている。

外国為替取引（2）：先物取引

1. 先物取引とは（フォワード取引）

外国為替取引における**先物取引**とは，直物取引が二営業日以内に受け渡しされるのに対し，取引が成立してから三営業日以降に為替の受け渡しの行われる取引のことである。つまり，今日取引をして，実際の受け渡しは3営業日より先，ということだ。先物取引は，相対(あいたい)取引，あるいは店頭取引といわれ，銀行との間で顧客が行う。先物取引では，1年先まで，主要通貨であればさらに先の時点までの受け渡しを取引できる。**先物為替取引**は，後に説明する**通貨先物取引**（**フューチャーズ**，Currency futures）と区別するために，**フォワード取引**（forward transaction），**先渡し取引**と呼ぶこともある。ここでは単純に先物取引と呼ぶことにする。この為替の先物取引における相場ついて説明する前に，まずここで外国為替取引に関わらず「先物取引」がどういうものであるかについて説明する。

先物取引とは，将来に受け渡しを行うことを今約束する取引のことである。例をあげて説明しよう。ある電器店が，1月に1万円を支払っておけば，今年の夏にクーラーを10万円で買える，というキャンペーンをしていたとする。そのクーラーは，猛暑になれば沢山売れて品薄になり，13万円まで値上がりする可能性がある一方で，冷夏になれば売上がのびず大バーゲンで9万円にまで値下がりする可能性がある。

この人が1万円でこの先物取引の契約をすると，この1万円と10万円の合わせて11万円で確実に夏にクーラーを買えることになる。猛暑になれば2万円安く購入できたということになるし，冷夏になれば2万円高く買ったということになる。猛暑になるか冷夏になるかわからないときに重要なのは，「確実に」決まった金額で買えるということである。11万円の支出が決定しているなら，それに合わせてアルバイト代や支出の計画を調整することができる。企業だったら支出または収入を確定することができるというメリットはより大きい。このように不確実性＝リスクを抑えることを**リスクヘッジ**というが，先物取引はこのようなリスクヘッジ手段として用いられている。

ここで，ある人は気象研究をしていて，今夏絶対に猛暑になることを知っているとしよう。この人は，クーラーが値上がりすることを知っているのだから，今のうちにクーラーの購入を予約するだろう。また，もしもこの人が自由にクーラーを転売できる立場にあるなら，1台ではなく100台でも200台でも予約するだろう。クーラーを100台購入する権利を100万円で買い，夏になったら，10万×100台＝1000万円でクーラーを購入する。そしてそれを1台につき13万円で売却すれば，1台につき，（1万円の予約代金を引いて）2万円の儲けが出るので，100台なら200万円の儲けとなる。もちろん，研究が間違っていて冷夏になれば，この人は200万円損をする。これは先物取引をリスクヘッジではなく，**投機**として用いるケースである。

為替相場における先物取引も基本的に同じことだ。今年の夏に輸入したワインの代金を1万ドル支払う予定の業者は夏になったら1万ドルを買って支払いの用意をしなければならない。銀行は，先物相場として，この夏に1万ドルを買うならこの相場です，という情報を出しているので，業者は，手数料を支払って，夏に1万ドルを買う相場を夏になる前に確定することができるのである。あるいは，今夏にドルが先物相場よりも絶対に高くなると信じている投資家は，先物相場で今のうちにドルを買う先物取引をするだろう。そうすることで，夏になって実際のドルの相場より安い相場でドルを買うことができるからだ。

クーラーのケースでは100台のクーラーを受け取り，保管して，それを売却する相手を探し，1000万円の資金も用意しなければならない。しかし，為替取引の場合は，場所は必要ないし，市場で売却相手を簡単に探すことができる。さらに，取引を分割して行えば，資金をいっぺんに用意する必要もない。この後説明する通貨先物やFXといった上場取引では差金決済といって，売りと買いを同時に行い差額だけを受け払いすることができる。以上の説明では，クーラーを買う「**先物買い**」について説明したが，夏にクーラーを売る契約を考えれば「**先物売り**」について説明できる。

2. 先物為替相場

先物為替相場は，顧客が銀行に行ったときには決まった値が示される。この相場はどのように決まっているのだろうか。

ここでもまた「裁定」という概念が重要になる。**先物為替相場**は，自国で資金運用する収益率と，外国で資金運用する収益率が，裁定によって等しくなるように決定されるのである。

ここで，1万円を1年間運用しようとしている人を考えてみよう。この人が日本でこの1万円を運用する場合，1年後にこの資金は円金利 $r_{¥}$ がついて，1万円 × $(1 + r_{¥})$，つまり $(1 + r_{¥})$ 万円となる。もし同じ1万円をアメリカで運用したら1年後にはいくらになっているだろうか。この人はまず，1万円を直物相場 S（1ドル ＝ S 円）でドルに換えるだろう。すると $1/S$ 万ドルを手に入れることができる。その資金をドル金利 $r_{\$}$ で運用し，1年後には $(1 + r_{\$})/S$ 万ドルとなる。そのとき先物相場 F（1ドル ＝ F 円）で円に換えるとすると，最終的に手にする円の額は，$F(1 + r_{\$})/S$ 万ドルとなる。

円で運用したときに受け取る $(1 + r_{¥})$ 万円と，ドルで運用したときに手にする $F(1 + r_{\$})/S$ 万円は最終的に同じ金額になるはずである。なぜなら，裁定が働くからだ。例えば，ドルより円で運用するほうが収益が大きかったとしよう。そのときには誰もが資金を円で運用しようとするので，

- ・円への需要が高まり（円高，すなわち S が小さくなる。）
- ・円金利（$r_{¥}$）が下がり，ドル金利（$r_{\$}$）が上がり，
- ・将来，運用した円をドルに換えるためにフォワードで円売りドル買いの予約をする人が増える（円安，すなわち F が大きくなる。）

このようなことが起こると，$F(1 + r_{\$})/S$ という値はだんだん大きくなり，日本で運用する収益率 $(1 + r_{¥})$ は小さくなり，両者が等しく

なるまで取引される。これを式で表すと，以下のようになる。

$$\frac{S(1+r_{¥})}{1+r_{\$}}=F$$

ただし，

S：円ドル直物相場（1ドル ＝ S 円）

F：円ドルフォワード相場（1ドル ＝ F 円）

$r_{¥}$：円金利　$r_{\$}$：ドル金利

この式は先物相場の決定式ではないことに注意しなければならない。この式は，直物相場，先物相場，円金利，ドル金利の関係を示しており，これらの変数は同時に決まっていくのである。そして，このように裁定が働いている状態を，**金利裁定**が成立している，という。金利裁定が成立しているかどうかは市場が自由に取引できる状況か，取引量がある程度以上あるか，その通貨に特別なリスク（通貨発行国の**カントリーリスク**など）がないかどうかなどによって決まる。アメリカで資金を運用するときに先物取引を利用しないこともできる。その場合，アメリカでの運用収益はフォワード相場ではなく期待為替相場を使って計算される。フォワード相場を用いるときは，カバー付き金利裁定，用いないときは，カバー無し金利裁定という。

外国為替取引（3）：オプション取引

通貨オプション取引とは，ある通貨を特定の相場で，一定期間（あるいは期日）に，売るまたは買う権利を取引することである。

例えばある輸入業者が，将来ドルを受け取ることになっているとしよう。この輸入業者が，ドルを100円で売る権利を購入した場合，円高が進んで1ドルが100円を大きく下回れば，権利を行使して1ドルを100円で売れば，直物取引をするより有利になる。逆に，円安が進み1ドルが100円を大きく上回るようになれば，直物取引が有利になるので，オプションの権利を行使しなければよい。このようにオプション取引は，先物取引のように必ず期日に受け渡しをするのではなく，受け渡しをしないという選択肢を持つ。そして，その自由度がある分だけ手数料は高い。

株価オプションをはじめ，通貨以外のオプション取引では，**上場オプション**という形態が中心である。上場オプションというのは，取引所で規格化されたオプションを，清算所相手に取引するものである。これに対して，通貨オプションは，日本では店頭オプションしかなく，店頭において相対で取引がなされている[6]。オプションの取引内容も規格化されておらず，取引者間の契約ですべて決定される。

オプション取引には，「買う権利」を売買する場合と「売る権利」を売買する場合がある。そして，「買う権利」を取引するオプションを**コールオプション**（call option），「売る権利」を取引するオプションを**プットオプション**（put option）という。また，実際に将来売買する価格のことを**権利行使価格**（exercise price, striking price）といい，オプションの有効期限のことを**満期日**（maturity date），または**期間満了日**（expiration date）という。

市場状態から考えて，オプションを購入する者に有利な行使価格のオプションは，**イン・ザ・マネー・オプション**といわれ，相対的にオプション料が高くなる。また，逆にオプションを購入する者に不利な行使価格のオプションは，**アウト・ザ・マネー・オプション**といわれ，オプション料は相対的に低くなる。通貨オプション取引を様々な取引と組み合わせたデリバティブと呼ばれる金融商品も多く取引されている。

外国為替取引（4）：通貨先物取引

通貨先物取引は，先に説明した先物為替取引が店頭で行われるのに対して，**上場取引**の形態をとっている。したがって，取引の受渡期日や取引単位，決済方法などは，上場されている取引所ごとに規格化されている。

6　CME（Chicago Mercantile Exchange）での通貨先物オプション，PHLX（Philadelphia Stock Exchange）での通貨現物オプションなどのように，海外では通貨オプションの上場取引も行われており，日本人も利用することはできる。

例えば古くから先物取引が盛んに行われてきたシカゴ・マーカンタイル取引所では，取引の単位は1250万円[7]で，取引時間や，参加資格なども規定されている。また，先物為替取引のように個別に担保が設定されるのではなく，取引に応じて規定の証拠金を担保に収める。さらに，先物為替取引はほとんどの場合，満期日の現物受渡がなされるのに比べ，通貨先物では，基本的に満期日を待たずに，反対取引により清算がなされる。このように反対取引によって清算することを差金決済という。例えば，シカゴ・マーカンタイル取引所では，一日に二回，その時点における相場で売買の差金，証拠金額などの計算がなされて，清算を行っている。

外国為替取引（5）：外国為替証拠金取引（FX取引）

外国為替証拠金取引とは，証拠金として決められた割合の金額を預けたうえで，主に売りと買いを組み合わせた差金決済による通貨の売買を行う取引をいう（日本では**FX**，海外ではForexと呼ばれる）。日本では1998年に「外国為替及び外国貿易法」が改正されてから，証券会社や，商品先物会社，外国為替証拠金取引業者などが取り扱っている。2005年7月に金融先物取引法が改正され，FX業者は金融先物取引業者と位置づけられたが，2007年9月に金融商品取引法が施行され，この法律に基づいて登録を受けるようになった。

先物取引の説明をしたときに，クーラーを冬に予約して夏に購入し，それを高値で売って儲けを得る，という例を説明した。そのとき，クーラーを購入すると同時に売却できるシステムがあるなら，クーラーの代金を用意せずに，購入して売却する差額だけを手にする（マイナスのときは支払う）だけでよいことになる。外国為替証拠金取引のしくみもこれと似ていて，証拠金を支払うと，為替の売買の差額のみの取引が可能で，支払った証拠金の20〜30倍程度の取引が可能になる。為替の売買は，例えば，円を借りてドルを買って運用する，といった形になる。こ

7　2015年7月時点。

のとき，ドルを買うときの為替相場，ドルを円に戻すときの為替相場によって儲けが動き，さらに，円を借りる＝円の金利分はマイナスで，ドルの金利分がプラスとなるので，その金利差も儲けに関係してくる。

FXは，インターネットを通じて気軽に始められるため，これまで投資に無関心な層が多いといわれてきた日本でも，個人投資家を多く取り込んでいる。為替取引は，対象となるデータがいくつかの主要通貨に対する為替相場だけなので，投資信託や株式に投資するのに比べて比較的理解しやすいためでもあると考えられる。FXの取引量は，2008年のリーマンショック後の円高時に大きく増加し注目された。当時，「ミセスワタナベ」というニックネームで，日本の家庭の主婦を含む個人投資家のFX投資の多さが話題になった。投資経験のない主婦がFXで多額の利益を得ているといった記事や，日本の昼時になると，サラリーマン投資家が昼休みを利用してFXのポジションを動かすため，相場が動きやすいとう逸話もあった。FX取引量は全体でみると，2012年からの円安時には再び増加している。

確認問題

(1) 世界のなかで，外国為替取引が最も多く行われているのはどの国であり，最もよく外国為替取引がなされている通貨はどの通貨か。またその理由を説明しなさい。

(2) 近年，日本の実質実効為替相場と名目実効為替相場が乖離している理由を説明しなさい。

参考文献

Bank for International Settlements, 2013, Triennial Central Bank Survey of Foreign exchange and derivatives market activity in April 2013, Preliminary global results, Monetary and Economic Department, September 2013.

第4章

外国為替相場の決定理論（1）

本章では，外国為替相場が如何に決まるかについて説明する。外国為替相場の決まり方は長期と短期に分けて説明することができるが，ここでは長期の決まり方について説明する。

本章のポイント

■外国為替相場は通貨への需要と供給で決まる。
■一物一価の法則は購買力平価説を考える基礎となる。
■購買力平価説は，長期的な為替相場の決定理論である。

4.1 イントロダクション

第4章では，外国為替相場がどのように決まるか，について説明する。外国為替相場の予想は難しい，といわれているし，実際に予想外の動きで企業が困難な局面を迎えているというニュースも耳にする。為替相場がどうやって決まっているのかというメカニズムは誰にもわからないのだろうか。

実は，為替相場がどのように決まるのかは簡単に説明できる。一言でいうと，外国為替相場は通貨への「**需要**」と「**供給**」で決まるのだ。今日の相場が1ドル＝100円だとする。もしもここで，ドルを買いたい人が増える，つまりドルへの需要が高まればドルの価格は上昇して例えば1ドル＝120円といったように値上がりしてドル高になる。一方，ドルの供給が増加したら，ドルの価格は下がり1ドル＝80円などドル安になる。これを図で表したのが**図表4-1**である。**図表4-1**は縦軸に1ドルの円で表した価格を，横軸にその価格ごとにどれだけドルへの需要，供給があるか，を示したグラフである。ドルの価格はこの需要と供給が一致する交点である**均衡価格**に決定される。これはミクロ経済学で学ぶ価格メカニズムとなんら変わるところはない。

では，どうして外国為替相場の予想が裏切られた，とか，相場の先が読めない，といわれるのだろうか。それは，誰がいつ，どこでどれだけどの通貨を需要しているか，いつどの通貨の供給が増加するか，といったことを日々刻々と正確に知ることは誰にもできないからである。アメリカの中央銀行が今日突然，金融緩和政策を発表して**マネーサプライ**（通貨供給量）を増大させるかもしれない。ドイツのある年金団体がドルで運用していた資金を今月からはユーロの運用に変えようと思っているかもしれない。それらの世界中の行動をすべて知ることができる人はいないのだ。

では，誰にも何もわからないかというとそうではない。通貨に対する需要供給がどのように変化しそうか，ということを理論に基づいて予想

■図表 4-1　ドルへの需要と供給

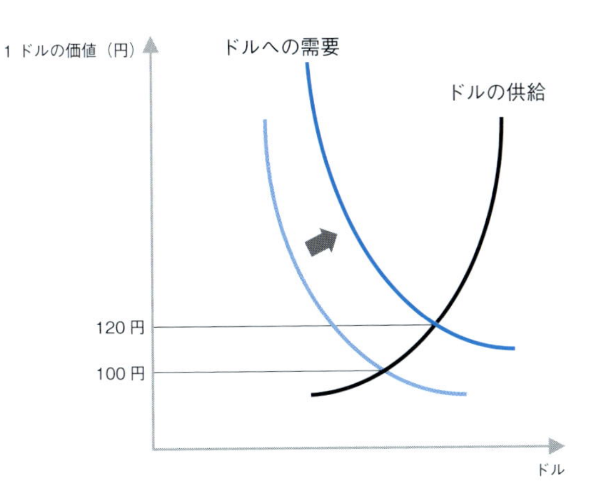

することはできる。例えば，金融緩和政策で通貨量を極端に増やせばその国の通貨の供給が増し為替相場は下がるだろう。一方，高度成長をし始めた国の通貨は投資も盛んになされるようになり，需要が増えて為替相場は上がるだろう。このように，大きく需要供給を動かす要因を明らかにできれば，為替相場の大まかな動きは予想ができる。

需要供給を動かす要因は，長期と短期に大きく分けて考えることができる。長期の要因を考えるうえで重要なのは物価の影響である。なぜなら，短期では，物価は大きく変動しないが長期では変動するからだ。物価はもともと賃金に関係しており，ベースとなる基本給にあたるものは大抵の国では年に一回か二回大きな見直しがあるだけで，日々変動するものではない。また，一度つけた価格を変更するのにコストがかかるため，価格変更は簡単にはされない。例えばレストランのメニューを毎日書き換えたり，商品棚に並べられた商品の一つ一つにつけられた値段を頻繁に書き換えたりするのは大変な作業であり，実際にはそれほど頻繁に変更はなされない[1]。したがって物価は短期的には変わりにくく，一

1　メニューを書き換えるなど，価格改定にかかる費用を経済学では「メニューコスト」と呼ぶ。

方で長期的に経済の動きを考えるときには重要な変数となる。

では短期では為替相場は主に如何なるものの影響を受けるのだろうか。短期的に大きな影響を与えるのは，資本取引である。例えば，新興国の株式に投資している場合，リスクが増したと思ったら，すぐにでも株を売却して資金を引き揚げるだろう。そのとき多額の資金が新興国通貨から他の通貨に換えられて，新興国通貨は**減価**する。また，ある国の金利が上がれば，その国の通貨で資金を運用する人が増えてその通貨は**増価**する。

本章ではまず，長期的な外国為替相場の変動を知るための理論である**購買力平価説**（Purchasing Power Parity，PPP と略される）を説明する。短期の変動については，第 5 章で説明する。

4.2　一物一価の法則（Law of one price）

購買力平価説について説明する前に**一物一価の法則**について説明しておこう。一物一価の法則とは，一つの物には一つの価格しかつかない，ということを表している。貿易が開放的で，輸送費用がかからなければ，国際的にも一物一価の法則が成立する。例えばここに 1 台のパソコンがあり，アメリカではそれが 1000 ドルで売られ，日本では 10 万円で売られているとしよう。このとき 1 ドル＝100 円ならアメリカで売られている価格は 1000 ドル×100 円＝10 万円となり，そのパソコンは日本で買ってもアメリカで買っても同じ値段になる。しかし，1 ドル＝110 円だったらどうだろうか。アメリカで売られている価格は 1000 ドル×110 円＝11 万円になる。すると，アメリカでパソコンを買うのは明らかに損になるのでアメリカでパソコンを買う人はいなくなり，みな日本でパソコンを買おうとするだろう。やがてアメリカではパソコンが売れないために価格を売れるようになるまで下げるだろうし，日本ではよく売れるので値上げをするだろうから，最終的には価格は同一になるまで調整が続くだろう。このように裁定が働くことで一つの物には一つの価格しかつかないのである。

財 i の自国での価格を P_i，外国での価格を P_i^* として，名目為替相場を E とする。すると，一物一価の法則は以下のように表すことができる。

P_i	$=$	E	$\times$	P_i^*
i 財の自国での価格		名目為替相場		i 財の外国での価格
（例）10万円	$=$	100円	$\times$	1000ドル

一物一価の法則や購買力平価説の考え方をもとにしてつくられているビッグマック指数という指標がある。これはThe economist社が毎年公表しているものでインターネットでみることも可能だが，身近な例を用いて為替相場について考える機会を与えてくれる興味深いものである。

ビッグマック指数とは，一言でいうとビッグマックで測った為替相場のことである。一物一価の法則で確認したように，同じビッグマックであれば，どの国においても同じ価格がつけられる，という考えが前提になっている。もちろん，アメリカや日本のようにファストフードが乱立する国とまだファストフードの数が限られる途上国とではビッグマックの価値は異なって受け入れられているかもしれない。また，日本よりアメリカのほうが安いからといって，アメリカからビッグマックを取り寄せることはできないのだから，裁定も簡単には働かない。しかしそれでもビッグマックというわかりやすい財の価値を通して，世界各国の為替相場について考えることで通貨価値の決まり方への理解も深まる。

ビッグマックの価格は変化するが，最近の価格は図表 4-2 のとおりである。表の一番上の日本を例に説明しよう。まず，調査時点における日本のビッグマックの価格は370円（第一列目の数字）で，アメリカでは4.79ドル（第二列目）である。同じビッグマックなのだから，同じ価値である，と考えると，370円と4.79ドルは同じ価値，つまり，370円＝4.79ドルである。よって，370円を4.79ドルで割って，1ドルは77.24円（第三列目）であるはずということになる。これがビッグマック指数（マックパリティ），つまりビッグマックの価格から算出した為替相場と

■図表 4-2　各国のビッグマックの価格（2015 年 7 月）

	ビッグマックの現地価格	ビッグマックのドル建て価格	現地価格÷ドル建て価格＝マックパリティ	為替相場（対ドル）
日　本	370 円	2.99	77.24	123.94
アメリカ	4.79 ドル	4.79	1	1
カナダ	5.85 ドル	4.53	1.22	1.29
中　国	17 元	2.74	3.55	6.21
ユーロ	3.7 ユーロ	4.07	0.77	0.91
ノルウェー	46 クローネ	5.65	9.6	8.14
ウクライナ	34 フリヴニャ	1.55	7.1	21.95
ベトナム	60000 ドン	2.75	12526.1	21810
フランス	4.1 フラン	4.51	0.86	0.91

（出所） The economist

いうことになる。調査時点における円ドル相場は 123.94 円（第四列目）だったので，ビッグマックから計算した 77.24 円に比べると，現実の相場は約 60% も円安ということになる。

このようにみると，円は大変な円安ということになるが，他の通貨はどうだろうか。図表 4-3 にはビッグマックで測った為替相場が現実の相場からみてどれくらい割高か，割安か，を示したものである。これをみると，ドルに対して割高と出ている通貨はわずかに 4 通貨のみ，スイスと北欧 3 国（ノルウェー，スウェーデン，デンマーク）のみである。つまりほとんどの通貨はドルに対して安すぎる，言い換えれば，現在の米ドルはビッグマックの水準からしたらほとんどの通貨に対して高すぎる状態にあるといえる。この図表の 3 年前の 2012 年にはドルより高いと評価された通貨は 11 か国あったので，ここ数年でドルが相対的に他の通貨に対して上昇気味であることがわかる。

その他の国のビッグマックの価格をみてみよう。カナダ，ユーロエリアといった先進国地域については，価格は 4 ドル台で，ほぼ日米と変わらない。しかし，ウクライナなどでは 1 ドル台，ベトナムや中国などでは 2 ドル台で売られていることがわかる。ベネズエラについては，ビッグマックで計算した為替相場は，現実の相場に比べて約 80% も割安に

■図表 4-3　ビッグマックで測った為替相場と現実の相場の違い（2015 年 7 月）

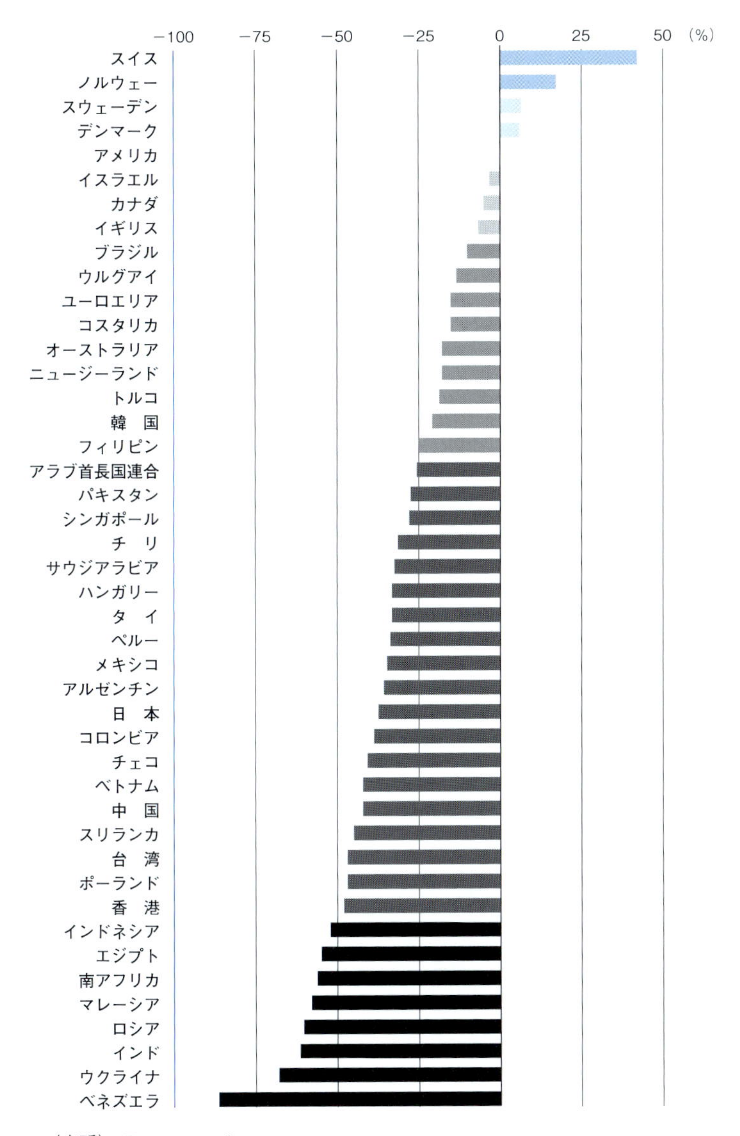

（出所）　The economist

なっているのである。したがって，ビッグマック指数からみれば，現在のベネズエラの通貨は安すぎるのであり，今後相場が修正されていくならもっと高くなることが予想される。反対にスイス，北欧ではビッグマックの価格が高い。しかし例えばノルウェーのビッグマックは税込の金額であり，ノルウェーではこの時点で25％の税金が含まれていると考えられるが，それを差し引いてもまだなお高い。ビッグマック指数からみるとノルウェー・クローネの現実の相場は，約20％の高値になっており，もっと低くてもいいのではないか，ということになる。

4.3 絶対的購買力平価説（Absolute Purchasing Power Parity）

ビッグマック指数では，ビッグマックという特定の一品だけで為替相場を予想した。このような一物一価の法則を広げて，ある特定の財の価格ではなく，いろいろな財の価格を組み合わせてつくられる物価水準を比べたときに等式が成立する，と考えるのが**絶対的購買力平価説**である。先ほどの一物一価の式の，i 財の価格を一般物価水準に置き換えると以下のようになる。

P	$=$	E	$\times$	P^*
自国の一般物価水準		名目為替相場		外国の一般物価水準

一物一価がすべての財について成立するなら，絶対的購買力平価はほぼ成立する（**物価バスケット**の中身が国によって異なる，などの理由で完全一致するとは考えられない）。一物一価の法則について考えたときは，ある一つの財の価格について考えたので，為替相場を所与として，その財の価格が調整されることで等式が成り立つと説明した。しかし，購買力平価説では一つの財ではなく，物価全体を考える。物価は短期では変化しにくく，調整には時間がかかるので，ここでは物価が等しくなるように為替相場が変化する，と考える。つまり，日本の物価がアメリカの物価より高いなら，みんなアメリカからモノを買おうとするだろう。

すると，円を売ってドルを買う人が増えるから，円安，つまりEが上昇し，やがて等式が成立するまで為替相場は変化する，ということだ。例えば以下のように，日本の物価水準が，円建てに直したアメリカの物価水準より高くなっているとしよう。

P	$>$	E	$\times$	P^*
日本の一般物価水準		名目為替相場		アメリカの一般物価水準

このとき，為替相場Eが円安になる，つまり上昇して，やがて以下のように均衡状態に戻る。

$$P = E \times P^*$$

以上より，絶対的購買力平価説によると，為替相場は両国の物価水準によって決定されるということができる。

E	$=$	P	$/$	P^*
名目為替相場		自国の物価水準		外国の物価水準

ただし，物価もまったく動かないわけではなく，上記のようなプロセスのなかで調整される。アメリカのモノは売れるためにP^*は上昇し，日本のモノは売れないのでPは下落すると考えられる。

この考え方が「絶対的購買力平価」と呼ばれているのは，モノを購買する力は，どの国でも同じになるはず，と考えているからである。一般物価水準は，様々な財のバスケットの価格で表されている。それらの様々な財のバスケットを購買する力が自国と外国で同じになるように為替相場は決定されるという考え方だ。

しかし，絶対的購買力平価はどこかある時点を起点として考える必要がある。そこで，より一般的には，次に説明する相対的購買力平価が用いられている。

4.4 相対的購買力平価説（Relative Purchasing Power Parity）

相対的購買力平価説とは，絶対的購買力平価説を変化率に変えたもののことである。こうすることで，自国と外国のインフレ度合いによって為替相場がどのように変化するのかを知ることができるようになる。

t 時点と $t-1$ 時点の為替相場の変化率を絶対的購買力平価を用いて表すと以下のようになる。ただし，変数はこれまでと同じく E が名目為替相場，P が物価水準，＊が外国を表している。

E_t/E_{t-1}	$=$	$(P_t\ /\ P_t^*)$	/	$(P_{t-1}\ /\ P_{t-1}^*)$
名目為替相場の変化		t 時点の購買力平価		$t-1$ 時点の購買力平価
	$=$	$(P_t\ /\ P_{t-1})$	/	$(P_t^*\ /\ P_{t-1}^*)$
		自国の物価の変化		外国の物価の変化

上記の変化は例えば100から110に変化した場合は110 ÷ 100 =1.1となる。このうち，変化率は0.1の部分なので，1と0.1に分けて書くと以下のようになる。

$$\left(1+\frac{E_t-E_{t-1}}{E_{t-1}}\right)=\left(1+\frac{P_t-P_{t-1}}{P_{t-1}}\right)/\left(1+\frac{P_t^*-P_{t-1}^*}{P_{t-1}^*}\right)$$

以上のうち交差項は一般には小さい値になるため省略すると，

$$\frac{E_t-E_{t-1}}{E_{t-1}}=\frac{P_t-P_{t-1}}{P_{t-1}}-\frac{P_t^*-P_{t-1}^*}{P_{t-1}^*}$$

となる。変化率をドットをつけて表すことが多いのでここでもそれにならうことにすると，以下のようになる。

$$\dot{E}_t=\dot{p}_t-\dot{p}_t^*$$

このうち右辺は，外国と自国の物価の変化率，つまり**インフレ率**（マイナスであれば**デフレ率**）の差となっている。したがって，相対的購買力平価説で考えると，両国の間の為替相場はインフレ率の差で決まることになるということができる。文字で書き換えれば以下のようになる。

名目為替相場の変化率 ＝ 自国のインフレ率 － 外国のインフレ率

例えば，昨年に比べて，日本のインフレ率は3% で，アメリカのインフレ率は1% だったとしよう。これを上記の式にあてはめると，為替相場 E の変化率は2% となり，つまり為替相場は2% 円安になると予想することができるのである。

相対的購買力平価説では変化率をとっているために，もともと絶対的購買力平価が成立していなくても，変化する部分だけが条件を満たしていれば成立する。例えば，絶対的購買力平価が成立していないとする。

$$E_t > \frac{P_t}{P_t^*}$$

それは関税などが原因で裁定が働かないためで，その要因 α を考慮すれば等式が成立するとする。

$$E_t = \alpha \frac{P_t}{P_t^*}$$

α が時間を追って変化しない固定的な要因なら，相対的購買力平価は成立する。つまり，

$$\dot{E}_t = \dot{\alpha} + \dot{p}_t - \dot{p}_t^*$$

において，α は変化せず，$\dot{\alpha} = 0$ なら，

$$\dot{E}_t = \dot{p}_t - \dot{p}_t^*$$

となるのである。このように，相対的購買力平価説のほうが絶対的購買力平価説よりも広くあてはまるため，実証的には相対的購買力平価説が用いられることが多い。

4.5 為替相場の購買力平価からの乖離条件

購買力平価説は一般にもわかりやすい概念で，広く用いられている。

■図表 4-4　ドル円購買力平価と実勢相場（2016 年 10 月）

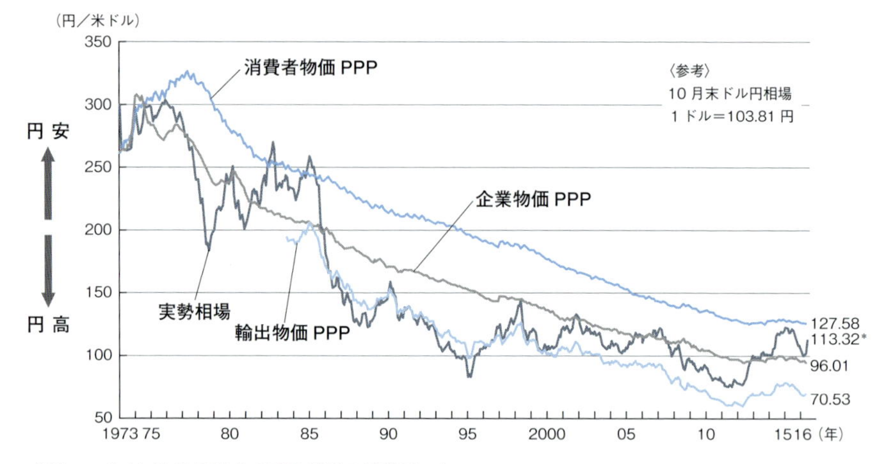

（注）　＊は 11 月 24 日時点の実勢相場の最終データ。
（データ）　消費者物価：日本総務省，U.S. Department of Labor
企業物価と輸出物価：日本銀行，U.S. Department of Labor
ドル円相場：消費者物価 PPP
企業物価 PPP については 1973 年基準。輸出物価 PPP については，米国の現在の輸出物価指数が 1973 年まで連続して遡及できないようになったため，以前に遡及できた際に PPP と実勢相場との乖離が比較的小さかった 1990 年を基準年として算出した。
（出所）　国際通貨研究所（2016 年 12 月 9 日）

その一方で，実際に計算してみると現実の相場からはかなり乖離しているという批判もある。図表 4-4 は国際通貨研究所が作成した購買力平価をもとに予測された円ドル相場と現実の円ドル相場が描かれている。これをみると，現実の相場は小刻みに，さらに上下に大きく動いているが，購買力平価で予測した相場は，大きなトレンドを描いて変化している。このように，現実との差が出る理由はいくつかある。

第一に，財価格の調整には時間がかかることがあげられる。モノの値段は，例えばガソリンのように毎日変えられるものもあるが，一方で車の値段のように，モデルチェンジがされるまでの半年間はまったく変わらないものもある。それに比べて外国為替市場での取引の結果決定される外国為替相場は刻一刻と変化するので，とてもその動きにはついていけないのである。

第二に，財のなかには貿易できる**貿易財**だけでなく，**非貿易財**と呼ばれる貿易できない財があることも原因の一つである。非貿易財は，運ぶことが不可能だったり，輸送費が高かったり，貿易が規制されているために大きなコストがかかり，事実上貿易されないもののことである。貿易が可能な財は，価格差が生じれば裁定が働いて価格が均等化されるが，非貿易財はそうはいかない。4.2の一物一価の説明で述べたように，例えばまったく同じ性能のパソコンが半分の値段で海外で買えるなら，その安いパソコンは輸入され，国内産のパソコンは売れなくなり，価格を下げるだろう。しかし，まったく同じ髪型にしてくれる美容室が海外で半額で利用できるとわかっても，海外に行くにはコストがかかるし，その美容室と美容師を輸入することは莫大なコストがかかるため難しいので，結局，国内の美容室の料金は下がらないのである。

第三に，**貿易障壁**も影響を与える。関税障壁があり，貿易に高い関税がかかっていて輸出入が困難であれば裁定は働かない。また，非関税障壁といわれるような，関税はかけないけれど，検査を厳しくするなどの手段によって，事実上貿易ができないようにしてしまう措置がとられている場合も裁定は働かず，購買力平価は成立しない。その他にも，物価統計のとり方が異なっていたり，国によって嗜好が異なるために，物価指数に含まれる財の種類が大きく異なっていたりすることも，実証的に購買力平価が現実の相場から乖離する原因となっている。

4.6 貿易財・非貿易財と実質為替相場

第3章で実質為替相場について述べたが，絶対的購買力平価と実質為替相場の式は大変似ている。

$$\text{実質為替相場} = E\frac{P^*}{P}$$

$$\text{絶対的購買力平価}\ E = \frac{P}{P^*}$$

これを比べてみてわかるように，絶対的購買力平価説が成立するときに，実質為替相場は１となる。相対的購買力平価は，

$$\dot{E}_t = \dot{p}_t - \dot{p}_t^*$$

となっているので，これが成立するときには，実質為替相場の変化率はゼロとなり，実質為替相場は変化せず，安定した値をとるといえる。

しかし第３章でみたように，実際にデータをとると実質為替相場は大きく変化している。その原因をここでは貿易財・非貿易財の格差という要因で説明する

まず，自国の物価は以下のように，貿易財の価格（P_T）と非貿易財の価格（P_N）から構成されているとする。ただし，α は貿易財（T）財と非貿易財（N）財の割合を表している。式は相対的購買力平価のときと同様に，変化率で表している。

$$自国：\dot{P} = \alpha\dot{P}_T + (1 - \alpha)\dot{P}_N$$
$$外国：\dot{P}^* = \alpha^*\dot{P}_T^* + (1 - \alpha^*)\dot{P}_N^*$$

この物価の変化率を実質為替相場の変化率に代入すると以下のようになる。

実質為替相場の変化率：

$$= \dot{P}^* - \dot{e} - \dot{P}$$
$$= (\dot{P}_T^* - \dot{e} - \dot{P}_T) - ((1 - \alpha)(\dot{P}_N - \dot{P}_T) + (1 - \alpha^*)(\dot{P}_N^* - \dot{P}_T^*))$$

この式をみると，実質為替相場の変化は，貿易財の購買力平価による部分と，自国・外国それぞれの国内における貿易財・非貿易財の相対価格による部分に分けられる。理論的には，貿易財は国際的に取引されているため，購買力平価が成立しやすく，非貿易財は成立しにくいと考えられる。よって，第一項は比較的安定しており，第二項は不安定ということになる。

例えば，日本でつくられたパソコンとインドネシアでつくられたパソコンは，性能がまったく同じなら，ほぼ似た値段がつく。それを20万

■図表 4-5　CPI で測った円ドルの実質為替相場

円とする。一方，日本では，美容院で一回にかかる費用 1 万円だとしよう。20 万円のパソコンに対して，美容院で一回にかかる費用 1 万円は 1/20 である。インドネシアでは，美容院で一回にかかる費用は 2000 円であるとするとそれは同じパソコンの 1/100 ということになる。よって，パソコンの値段は同じでも，非貿易財の値段が違うために実質為替相場が変動することがわかる。つまり，自国を先進国とすると，先進国の，貿易財の非貿易財に対する相対価格（P_T/P_N）は，途上国である外国の，貿易財の非貿易財に対する相対価格（P_T^*/P_N^*）より小さいのである。

$$\frac{P_T}{P_N} < \frac{P_T^*}{P_N^*}$$

バラッサ=サミュエルソン仮説では，各国間で貿易財については裁定が働くために価格が均衡化すると考えるので，$P_T = EP_T^*$ が成立するはずである。しかし，貿易財の生産性は先進国のほうが発展途上国に比べて高く，非貿易財の相対価格は発展途上国のほうが安いため，全体でみた物価水準は先進国のほうが高くなるのである。

では，現実には実質為替相場はどのように動いているのだろうか。図

■図表 4-6　日米の CPI と円ドル相場

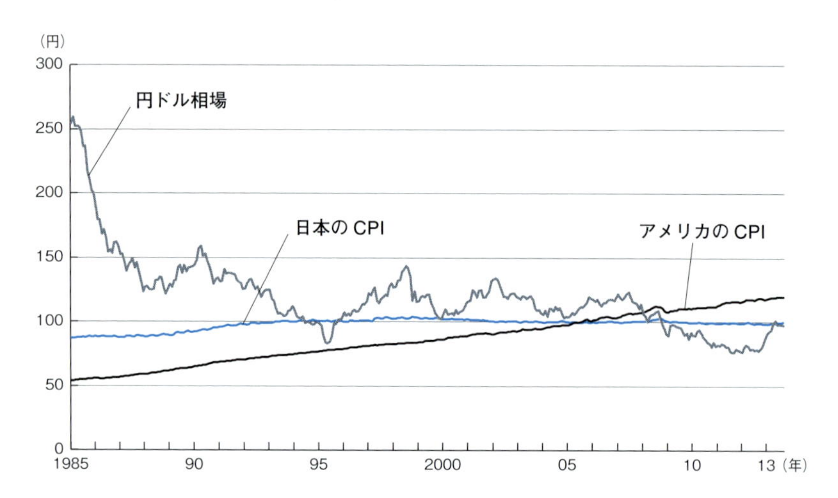

■図表 4-7　CPI で測った実質為替相場と貿易財価格(輸出価格)で測った実質為替相場

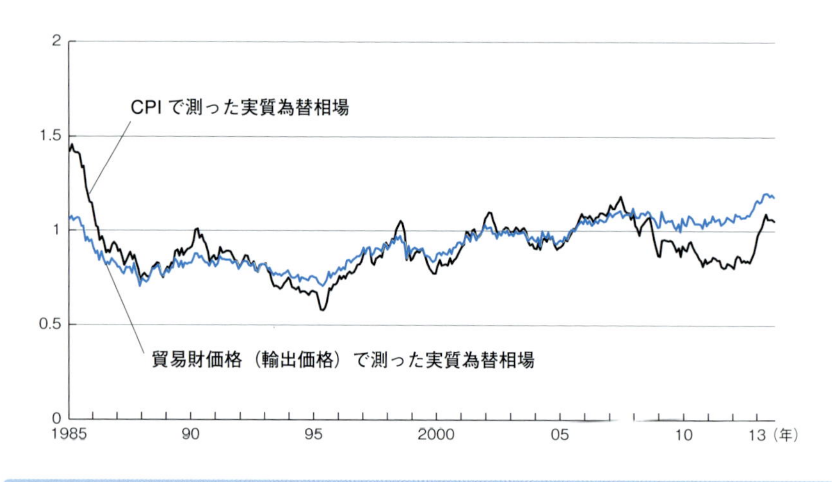

表 4-5 には，代表的な物価である CPI（Consumer Price Index，消費者物価指数）を用いて計算した円ドルの実質為替相場が描かれている。これはやはり 1 のあたりで安定的な形をしているとはいえない。その理由を確認するために，図表 4-6 には，日本とアメリカの CPI と名目円ドル相場が別々にプロットしてある。これをみると，日本の CPI もアメ

リカのCPIも安定的に推移しており，大きく動いているのは名目円ドル相場のみである。つまり，ここまで考えてきたように，非貿易財を含むCPIなどの物価は国際的に裁定が完全には働かないということだ。また，物価というのは為替相場のように日々激しく変動するものではなく，時間をかけて調整されていくものであるため，安定的に推移していると考えられる。次に，図表4-7には，輸出価格を貿易財価格とみなし，貿易財価格を用いて計算した円ドルの実質為替相場も描かれている。バラッサ=サミュエルソン仮説によれば，この値は安定的であるはずである。実際には，先のCPIで測った実質為替相場に比べれば，1985年近辺や2000年代に1に近い値をとっており，安定的であるということはできる。しかし，安定的に1前後の値になっているわけではない。これは，貿易財といえども短期的には価格が変化しないので為替相場の変動の方が大きく，なかなか1にはならないからだ。このような現象については，第12章のパススルーの項でも説明する。

確認問題

(1) 日本でデフレ状態が続き，アメリカでインフレ状態が続くと，相対的購買力平価説から考えると円高になるか円安になるか。

(2) 日本では輸出入に占めるドル建て比率が高いこともあってバラッサ=サミュエルソン仮説が成立しやすいといわれてきた。その理由を説明せよ。

第5章

外国為替相場の決定理論（2）

本章では，購買力平価説を応用したマネタリーアプローチと外国為替相場の短期の決定理論であるアセットアプローチについて説明する。

本章のポイント

■マネタリーアプローチは，購買力平価説に貨幣市場の均衡の概念を足して応用したものである。

■アセットアプローチは，資産市場の均衡という面から短期の外国為替相場の決定を説明するものである。

第4章では外国為替相場は需要と供給によって決まることを説明し，購買力平価説という最もポピュラーな外国為替の決定論について説明した。購買力平価説は一般にもよく知られる概念であるが，財・サービスの価格裁定を前提としており，価格調整がなされる長期に関する理論である。一方で，外国為替相場は日々刻々と変動している。このような短期の変動は，主に資産市場での需要供給要因が強く働いている。近年，資産市場における取引額は増大し，短期の外国為替相場の変動について知るには，資産市場の影響で外国為替相場がどのように左右されるのかを掴まなければならない。

第5章では，まず，購買力平価説を応用したマネタリーアプローチを紹介する。次に資産市場の均衡に注目したアセットアプローチについて説明する。また，最後に，外国為替相場の決定に影響するその他の要因について述べる。

5.1 マネタリーアプローチ

本節では，購買力平価説を応用した**マネタリーアプローチ**という為替相場の決定論について紹介する。購買力平価説では自国と外国の物価が為替相場を決定するということであったが，ここではその物価が貨幣市場を通じて決定される，という仮定を加えて考える。

マクロ経済学で学んだ人には馴染みがあると思うが，貨幣市場の均衡条件は以下のように書くことができる。

貨幣供給　　貨幣需要

$$\frac{M}{P} = L(r,\ Y)$$

M：名目貨幣供給残高　　P：物価　　L：貨幣需要関数
r：名目利子率　　Y：実質所得

左辺は名目貨幣供給残高を物価で割ることによって実質貨幣残高とな

っている。右辺は貨幣需要を表しているが，貨幣需要は名目利子率と実質所得に左右されると考えられるので，貨幣需要関数 L という形で表されている。実質所得が上がればお金も沢山保有しておこうと考えるので，貨幣に対する需要は上昇する。名目利子率が上がるときはお金を運用しようとする人が増えるため，貨幣需要は減ると考えられる。

貨幣市場の均衡条件より，自国物価は以下のように表せる。

$$P = \frac{M}{L(r,\ Y)}$$

また，同様に外国についても，

$$P^* = \frac{M^*}{L^*(r^*,\ Y^*)}$$

と表すことができる。ただし，＊がついているのは変数が外国のものであることを示している。絶対的購買力平価は，

$$E = \frac{P}{P^*}$$

であるから，P の式と P^* の式をこの絶対的購買力平価の式に代入すると以下のようになる。

$$E = \frac{M}{L(r,\ Y)} \div \frac{M^*}{L^*(r^*,\ Y^*)} = \frac{M}{M^*} \cdot \frac{L^*(r^*,\ Y^*)}{L(r,\ Y)}$$

この式は，為替相場が自国と外国の貨幣供給量と利子率と実質所得によって決まることを示している。例えば，自国の貨幣供給量 M が金融政策によって増やされたとしよう。このとき，上式に従うと，為替相場 E は上昇，つまり円安になる。また，自国の利子率が上昇するときはどうなるだろうか。このときは，r が上昇することで自国の貨幣需要 L は低下するので，E は上昇，つまり円安になるのである。すべての変数と為替相場の関係は図表 5-1 のように整理できる。

ただし，マネタリーアプローチの説明力が高いのは，第一に購買力平価説が成立するような長期である。あるいは，ハイパーインフレのように，M の値が大きく変わるときにその影響が顕著に表れる。もう一つ注意が必要なのは，ここでは利子率が上昇すると為替相場は円安になる

■図表 5-1　マネタリーアプローチにおける各変数と為替相場の関係

M が上昇するとき	E 上昇　円安
M^* が上昇するとき	E 下落　円高
r が上昇するとき	E 上昇　円安
r^* が上昇するとき	E 下落　円高
Y が上昇するとき	E 下落　円高
Y^* が上昇するとき	E 上昇　円安

ということだ。なぜ利子率が上昇すると為替相場が減価するかというと，利子率が上昇するとお金で資産を持っていようという需要が減るため，貨幣市場は超過供給になる。その超過供給を解消するために，物価 P が上昇するので，為替相場は自国通貨が安くなるほうに動くと考えられる。これは，次に紹介するアセットアプローチとは反対の結果である。アセットアプローチでは利子率が上昇すると為替相場は円高になる。これについては，前述したように，購買力平価が成立するようなある程度長期を考えるときにはマネタリーアプローチの考えがあてはまるが，短期的にはアセットアプローチのような動きがあてはまると考えられる。

5.2 アセットアプローチ

アセット（資産）**アプローチ**とは，財市場ではなく，資産取引が為替相場の需給に与える影響を明らかにするものである。特にここで紹介するポートフォリオバランスアプローチでは，**ポートフォリオ**（資産構成）が組み替えられるときに為替相場はどのように変化するのかを考えるものである。このようなアプローチは資産市場が発達するなかで重要度を増し，現在では短期の為替相場の変化についてはほぼアセットアプローチがあてはまると理解されている。

ポートフォリオバランスアプローチ

まずポートフォリオとは，株や債券，銀行預金，などの資産をどのような組合せで持っているか，という資産構成のことである。したがって，**ポートフォリオバランスアプローチ**では，貨幣市場の均衡に加えて，資産（例えば株や債券）の均衡条件が必要となる。ここで，総資産をWとし，この総資産を，通貨M，自国資産D，外国資産Fに振り分けて持つと仮定する。ここでは自国を日本としよう。

$$W = D + E \cdot F + M \tag{5-1}$$

W：総資産　D：日本の証券　E：為替相場

F：外国証券　M：通貨（円）

日本全体の資産を合わせるとWとなり，その資産がそれぞれ日本の証券，外国の証券，通貨に投資されている。日本の証券市場の均衡条件は，以下のような形であるとする。

日本の証券市場の均衡条件：

日本の証券の供給　日本の証券への需要

$$D = d(r,\ r^*) \cdot W \tag{5-2}$$

ただし，rは日本の金利，r^*は外国の金利を円に換算して表したものとする。左辺は供給，右辺は需要を表しているが，右辺の小文字のdは総資産Wのうち，どれくらいの割合が日本の証券として持たれるのか，その割合を示しており，0～1の値となる。例えば日本の証券に総資産のうち半分を投資するのであれば$d(r,\ r^*) = 0.5$となる。括弧のなかに日本と外国の利子率が入っているのは，この需要dが利子率によって変化するからである。日本の利子率rが高くなれば日本の証券への需要が高まるのでdは大きくなる。一方，外国の利子率r^*が高くなれば外国の証券への需要が高まるのでdは小さくなる。同様に外国の証券市場の均衡条件は以下のように表すことができる。以下の式は円に換算したものになっている。

外国の証券市場の均衡条件（円換算額）：

外国の証券の供給　　外国証券への需要

$$E \cdot F = f(r, r^*) \cdot W \tag{5-3}$$

外国の証券市場の場合は，日本の金利rが上昇すれば外国証券への需要fは減少し，外国金利r^*が上昇すれば外国証券への需要fは上昇すると考えられる。最後に日本の貨幣市場の均衡条件は以下のようになる。

日本の貨幣市場の均衡条件：

貨幣の供給　　貨幣への需要

$$M = m(r, r^*) \cdot W \tag{5-4}$$

日本の貨幣市場の場合は，日本の金利rが上昇したときも，外国金利r^*が上昇したときも，ともに証券への需要が増えるために貨幣への需要は減少するため，mは低下すると考えられる。

ところで，もともと総資産を三種類の資産に振り分けることを想定しているので，二つの資産への投資額が確定すれば，自動的に三つ目の資産への投資額は確定する。そこで，ここでは三つの資産のうち，日本の証券と日本の貨幣を選んでこの二つの資産の需給が均衡するときに，為替相場Eがどのように決定されるのかをみてみよう。先ほどの均衡式のWを（5-1）式の右辺に置き換えると，以下のようになる。

$$M = m(r, r^*) \cdot (D + E \cdot F + M) \tag{5-5}$$

$$D = d(r, r^*) \cdot (D + E \cdot F + M) \tag{5-6}$$

ここで，日本は小国でr^*は所与であるとする。また，先に述べたようにMとDが決定されれば，残りのFも決まるので，Fは明示的に考える必要はない。（MとDがわかったら，Wから引けばFになる。）

すると，ここで未知の値はrとEになる。この二つについて，日本

■図表 5-2　均衡の利子率と為替相場

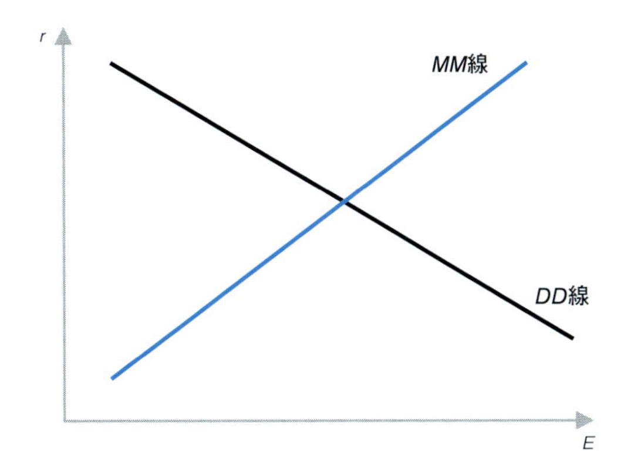

の貨幣市場を均衡させるような為替相場と日本の金利の組合せは，図表5-2の MM 線のように描くことができる。(5-5)式を $r=$ という形にでもできれば簡単だが，ここでは関数形が不明なので，そうしてもわかりにくいままである。そこで MM 線の形状を考えるために，E は変わらずに r だけがまず増えたと考えると，

$$M > m(r, r^*) \cdot (D + E \cdot F + M) \tag{5-7}$$

となる。この式を均衡させるためには右辺を大きくして左辺を小さくしなければならない。右辺を大きくするには，E は大きくなる必要がある。よって，r が上昇するときには E も上昇しなければ均衡は保たれないということになり，グラフは右上がりとなることがわかる。

また，日本の証券市場を均衡させるような組合せは DD 線のように描くことができる。ここでも同様に DD 線の形状を確認するために r だけがまず増えたと考えると，日本の証券市場の均衡式は以下のようになる。

$$D < d(r, r^*) \cdot (D + E \cdot F + M)$$

右辺を小さくして均衡させるには E を小さくする必要がある。した

■図表 5-3　経常収支の黒字化による利子率と為替相場の変化

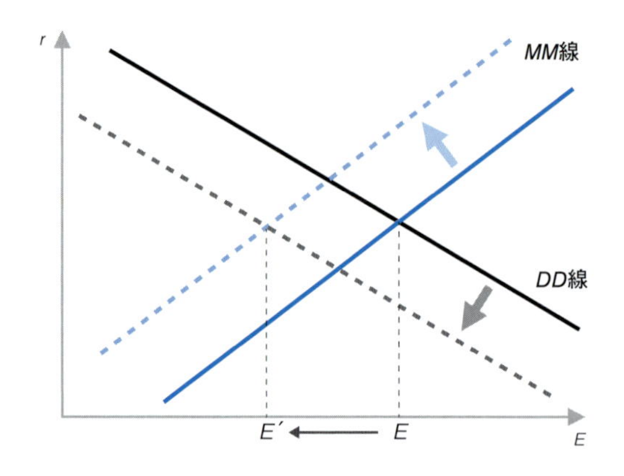

がって，r が上昇するときに，E は低下しなければ均衡は保たれないので，DD 線は右下がりになることがわかる。MM 線と DD 線の交点では，外国証券市場も同時に均衡している。よって，この交点の利子率，外国為替相場のもとでは三つの市場がすべて均衡しているということになる。

ここで図表 5-3 のように，MM 線や DD 線がシフトするケースを考えてみよう。例えば，日本の経常収支の黒字化が進んだとする。これは日本人が持つ対外債権の増加を意味するので，(5-5) 式のなかでは F の増加となる。F が増加するということは貨幣需要が増加し，超過需要が発生するということである。これを解消するには，右辺が小さくなる必要がある。そのためには，元と比べて E は小さくなり，r は大きくなる方向に MM がシフトすることになる。したがって図のうえでは MM 線は左上にシフトする。またこのとき，(5-6) 式の右辺も増加する。DD 線の右辺（日本の証券需要）が増加し，超過需要が発生するということである。これを解消するには，右辺が小さくなる必要がある。そのためには，元と比べて E は小さくなり，r も小さくなる方向に DD 線がシフトするので，図のうえでは DD 線は左下にシフトすることになる。このように MM 線と DD 線がシフトする結果，為替相場は

E から E' に変化し，つまり円高になると考えられる。

このようにして，ポートフォリオが組み替えられるときに，為替相場がどのように影響を受けるかを考えることができる。ところで，図をみるとわかるが，MM 線がシフトするときには均衡の金利 r と為替相場 E は同時に大きくなる（金利が上がるときに円安になる）が，DD 線がシフトするときは，均衡の金利 r と為替相場 E は反対方向に動く（金利が上がるときに円高になる）ことがわかる。マネタリーアプローチによれば，金利が上昇するときには為替相場は円安になる，ということだったので，結果が異なることになる。したがって，金利と為替相場の関係を考えるときは，何の影響によって為替相場が動くと考えられるか，という前提をはっきりさせる必要がある。一般に，日々の為替相場の動きは資産市場の影響が大きく出る状況にあり，短期では自国金利が上昇するときには自国通貨が増価する（円高になる）と考えられている。

5.3 通貨の需要供給を変動させるその他の要因

以上ではいくつかの代表的な外国為替相場の決定論について説明してきた。それ以外に，日々の外国為替相場を動かしている要因についていくつか紹介する。

市場介入

外国為替市場を動かすその他の要因の一つは外国為替市場介入である。**外国為替市場介入**とは，政府または中央銀行が外国為替市場で通貨の売買をして相場を動かそうとすることである。自国通貨を買えば外国為替相場は自国通貨高になり，自国通貨を売れば自国通貨安になる。

日本では，「外国為替及び外国貿易法」（いわゆる外為法）によって，「財務大臣は，対外支払手段の売買等所要の措置を講ずることにより，本邦通貨の外国為替相場の安定に努めるものとする」（第７条第３項）と定められている。これにより，円相場が乱高下したり，マクロファンダメンタルズ（基礎的条件）からみて高すぎたり低すぎたりするときには市場介入が行われる。外国為替市場介入は財務大臣の権限において実施されるが，実際には財務省の財務官の意向を色濃く受けているといわれてきた。特に1990年代～2000年代にかけては，マーケットも日本の財務官の言動に敏感になっていたといわれている。一方，介入の作業を実際に行うのは日本銀行である。日本銀行は，財務大臣の代理人として，財務大臣の指示に基づいて為替介入の実務を遂行する。日本銀行は日ごろから市場に精通しているため，効果的な介入を行うことができるからである。ときに，「日銀が介入した」という報道がされるが，これは介入を実施した，という意味で，介入の金額や日程などを決定しているのは財務大臣である。

外国為替市場介入がどのように行われているかというと，まず，円売り介入の場合には，**国庫短期証券**（Treasury Discount Bills）を発行することによって円資金を調達し，これを売却してドルを買い入れる。1993年までは短期証券の全量を日銀が直接引き受けていたので，資金の出所は日銀であったといえる。しかし，2000年からは短期証券は市中で完全入札されるようになり，市場から資金を調達してそれによってドルを購入し，その資金を市場に出している。円買い介入の場合は，外貨準備として保有している米国債を取り崩し，そのドルを用いて円を購入する。これらの介入の実績は，かつては非公開であったが，現在では財務省から公表されている。

最近の主な介入を取り上げたのが図表5-4である。このなかで最も大きな金額であるのが2003年～2004年にかけての介入で，総額約33兆円もの介入をしている。この介入は第1章でも説明したように当時の財務省財務官の溝口善兵衛氏と米財務次官のジョン・ブライアン・テイラー氏の名前をとってテイラー溝口介入と呼ばれた。それでも第3章でみたように，市場で日々取引されている金額（2013年統計で一日約800兆円）に比べれば，介入額は限られている。その効果を最大限に発揮するには，介入に伴うメッセージをマーケットに効果的に流さなければならない。最近では，一日にしては最大額の介入額を行ったり，目標相場

■図表 5-4　2001 年以降の主な市場介入

年月日	金　額		財務大臣
2001年 9 月17日～ 9 月28日	3 兆2107億円	円売，ドル・ユーロ買	塩川正十郎
2002年 5 月22日～ 6 月28日	4 兆162億円	円売，ドル・ユーロ買	塩川正十郎
2003年 5 月 8 日～2004年 3 月16日	32兆8694円	円売，ドル・ユーロ買	塩川正十郎，谷垣禎一
2010年 9 月15日	2 兆1249億円	円売，ドル・ユーロ買	野田佳彦
2011年 3 月18日	6925億円	円売，ドル買	野田佳彦
2011年 8 月 5 日	4 兆5129億円	円売，ドル買	野田佳彦
2011年10月31日	8 兆722億円	円売，ドル買	安住　淳
2011年11月 1 日～11月 4 日	1 兆195億円	円売，ドル買	安住　淳

を定めて介入したりする，といった工夫も行われている。このように介入そのものだけではなく，介入したことによる**アナウンスメント効果**もまた期待されているのである。

以上のような外国為替市場介入を行ってきた結果，日本政府の外貨準備高は 2016 年 11 月時点で 1 兆 2193 億ドルとなっており，その額は中国についで第二位である。これらの外貨準備はかなりの部分が米国債である米財務省証券で運用されている。したがって，日本と中国だけでアメリカに対してかなりの債権を持っていることになり，これをグローバル・インバランスの問題と呼んでいる。

日本の場合は上述のように為替相場が急激に変化したり，ファンダメンタルズから予想されるレベルから離れたときに介入が行われるが，固定相場制をとっている場合は，常にあるレベルに相場を保っていなければならないので四六時中介入を行うことになる。

期待・ニュース

経済学において**期待**（Expectation）といわれるものは，いわゆる「予想」のことで，例えば為替相場がいくらになるか，と予想したときの相場を「**期待為替相場**」と呼んでいる。期待形成は，様々な形でなされるだろうが，経済学では基本的に，現在利用可能な情報をすべて利用して期待を形成すると考える。

さらに，市場介入が行われるなど，為替相場を変更するような**ニュース**，あるいは，為替相場を決定するマクロ変数が変化することを告げるニュースが流れると，新しい情報であるそれらのニュースは市場参加者の期待に影響を与え，為替相場を変化させる。特にこのようなニュースが短期的に与える影響は大きい。例えばある国の失業率が予想以上に高くなっていたり，経常収支の赤字額が突然膨らんでいたりというニュースが流れると，新しい情報に基づいて期待が修正されるので，それが相場を動かすことになる。

確認問題

(1) 自国の金融政策が変更され，金利やマネーサプライが動くときに為替相場がどのような影響を受けるのか整理しよう。

(2) マネタリーアプローチとアセットアプローチでは金利上昇時の為替相場の反応が異なるが，その理由を考えよ。

(3) 最近のニュースによって為替相場が変動した例をいくつかあげて，ニュースの効果について確認しよう。

第6章

国際通貨制度

本章では，現存の国際通貨制度について学ぶとともに，日本がどのような国際通貨制度を採用してきたか説明する。

本章のポイント

■世界には固定相場制，変動相場制，その中間的な制度，と沢山の国際通貨制度がある。

■日本はこれまで，金本位制，固定相場制，変動相場制など様々な通貨制度を採用してきている。

6.1 様々な国際通貨制度

本章では国際通貨制度について説明する。**国際通貨制度**とはある国における通貨制度，とりわけ外国為替相場制度のことを指している。現在の日本の国際通貨制度は，**変動為替相場制度**（以下，変動相場制）である。しかしこれも1971年までは1ドル＝360円と，米ドルに対して相場を固定する**固定為替相場制度**（以下，固定相場制）だった。また，現在も固定相場制を採用している国は多数存在する。さらに，国際通貨制度には，変動相場制と固定相場制という二つの立場だけではなく，その間にあたる制度がいくつも存在する。そこで，本節ではまず，IMF（International Monetary Fund，国際通貨基金）の分類を参考に，様々な国際通貨制度について説明する。

まず，図表6-1をみてみよう[1]。表にはIMFによる国際通貨制度の分類が示されている。これは毎年IMFが**アニュアルレポート**（Annual Report，年次報告書）で発表しているものである。大きく分類すると，①～③が固定相場制で，⑨・⑩が変動相場制，そして間にある④～⑦が中間的な為替相場制，⑧がどの分類にも入らない特殊な制度，となっている。以下，それぞれの制度の特徴を説明する。

固定相場制

固定相場制とは，自国通貨をある通貨に対して一定の相場で固定する制度のことである。「釘づけ＝固定する」という**ペッグ**という言葉を使って**ペッグ制**と呼ぶこともある。ドルに固定する場合はドルペッグ制，ユーロに固定する場合はユーロペッグ制という。

固定相場制がとられていた**ブレトンウッズ体制**下の日本では，1ドル＝360円という相場が公表されており，その相場で取引が行われていた。このように書くと，何もせずに自動的に相場が固定されるようにも思え

1　大谷・藤木（2002）による説明を一部参考にしている。

■図表 6-1　IMF による国際通貨制度の分類

	通貨制度名（国数）	主な国
①	独自の法定通貨が放棄された為替相場制度 No separate legal tender（13 か国）	エクアドル（米ドル），エルサルバドル（米ドル），パラオ（米ドル），パナマ（米ドル），コソボ（ユーロ），モンテネグロ（ユーロ）
②	カレンシー・ボード制 Currency board（12 か国）	香港（米ドル），ブルガリア（ユーロ）
③	固定相場制 Conventional peg（44 か国）	サウジアラビア（米ドル），UAE（米ドル），カタール（米ドル），オマーン（米ドル），カメルーン（ユーロ），ガボン（ユーロ），フィジ（複数通貨），モロッコ（複数通貨），クウェイト（複数通貨）
④	固定まではいかないが，相場を安定化する制度 Stabilized arrangement（21 か国）	シンガポール，ベトナム，バングラディッシュ，エジプト，イラク
⑤	クローリングペッグ制 Crawling peg（2 か国）	ニカラグア，ボツワナ
⑥	クローリングに近いペッグ制 Crawl-like arrangement（15 か国）	中国，アルゼンチン，スイス，ウズベキスタン
⑦	広いバンドを持つ固定相場制 Pegged exchange rate within horizontal bands（1 か国）	トンガ
⑧	その他の管理相場制 Other managed arrangement（18 か国）	イラン，ナイジェリア，マレーシア，ロシア
⑨	変動相場制 Floating（36 か国）	ブラジル，インドネシア，韓国，インド，ニュージーランド，フィリピン，タイ，トルコ，南アフリカ
⑩	自由な変動相場制 Free floating（29 か国）	日本，アメリカ，イギリス，ユーロ，オーストラリア，その他主要先進国

（出所）IMF（2014）

るが，外国為替市場では日々刻々と取引がなされ，需要と供給の間で相場が決まっていくため，何もしなければ相場は常に動いてしまう。そこで，実際には日々，当該国の**通貨当局**（中央銀行や財務省など）が外国為替市場で通貨の売買を行い，固定相場を維持するのである。しかし反対売買によってある値にぴったり相場を固定しておくことはほとんど不可能なことである。実際には，為替相場変動を固定相場から±1% 以内に維持する制度のことを固定相場制と呼んでいる。したがって，1ドル＝360円の固定相場制であれば，356.4円から363.6円の範囲内であれば相場は変動するということになる。

このような固定相場制の最も重要なメリットは，固定している通貨に対する為替相場の**リスク**（不確実性）がないことだ。為替相場が変動しないから，いわゆる為替リスクについて考える必要もないし，リスクをヘッジするために費用をかける必要もない。また，わかりやすいメリットとして，計算がしやすい，ということもあげられる。計算機やパソコンの普及した世の中では計算のコストも小さくなっているが，それでも他通貨で表示された商品の金額をぱっと頭のなかで暗算するときに，その日その日で相場が違うより，同じ相場であるほうがずっと簡単に答えが出るだろう。さらにもう一つのメリットとして，固定している通貨と同じインフレ率を維持できるという点があげられる。過去に多くの高インフレに悩まされる国がこの性質を利用して自国インフレ率を下げてきた。高インフレの通貨を低インフレの通貨に固定するためには同じ金利水準，同じマネーサプライを保っていなければならない。もし金利を高くすればその通貨を買おうという人が増えて為替相場は増価し始めるし，マネーサプライを多くすればその国の通貨の価値は下がり為替相場は減価し始めてしまうからだ。そのため，高インフレ国は低インフレ国と同様の金融政策をとることになり，インフレを抑えることができる。特に低インフレを維持し続けてきた国の通貨にペッグすれば，「低インフレを維持しようとしている」というアナウンス効果もあり，政策を実現しやすいというメリットがある。このような政策を，「インフレの輸入」ということもあり，ペッグ先の低インフレ通貨のことを**アンカーカレンシー**という。

固定相場制のデメリットは，ほとんどメリットの裏返しである。まず固定相場制のデメリットの一番にあげられるのは自律的な（独立した自主的な）金融政策をとることができなくなることである。これは先ほどメリットにあげたように，低インフレを輸入するためにはいいことだが，それが目的でないときには，金融政策という一つの政策手段がなくなることであり，それがデメリットになるといえる。さらには，ペッグ先の通貨が高インフレになったときにはその高インフレを遮断することができず，自国もまた高インフレになってしまう。

為替リスクがない，というメリットの裏返しとしては，為替相場という自国と外国の経済変数の比率を変化させるものがなくなることで，二国間の経済の調整が簡単にできなくなり，一国の**経済ショック**が遮断されずにストレートに伝わってくるというデメリットがある。例えばギリシャ危機が発生したときに，ギリシャがドラクマという自国通貨をまだ持っていたとしたら，ドラクマは他の欧州国の通貨に対して減価したに違いない。それによって他の欧州国の通貨は減価するリスクがなくなるし，ギリシャ自身も通貨が減価することで，他国からの救済額がドラクマ建てで大きく評価されたり，輸出が有利になったり，というメリットがある。しかし，ユーロという同じ通貨を使っていることで（同じ通貨を使うのは究極の固定相場制といえる）ショックを切り離すことができず，同じユーロを使う国にマイナスのショックが伝わっていったのである。

固定相場制のなかにもいくつかの分類がある。図表 6-1 の「① 独自の法定通貨が放棄された為替相場制（exchange arrangements with no separate legal tender)」というのは，ある国が自国通貨を発行せずに，他国の通貨を自国通貨として使用するケースである。この表をみると，南米エクアドルや中米エルサルバドル，太平洋上のパラオなどがこの制度に該当する。例えばエクアドルの場合は自国での金融危機，通貨大暴落を経て 2000 年から独自の通貨の使用をやめ，米ドルを使用している。また，コソボ，モンテネグロといった国はユーロを用いているが，これらの国はかつてフランス・フラン，スペイン・ペセタ，ドイツ・マルクなどを使用しており，それらの通貨がユーロに代わるタイミングで法定通貨をユーロにした。しかし，これらの国は，正式なユーロ圏に含まれてはいない。

「② **カレンシー・ボード制**（Currency board arrangements)」は，自国通貨を固定相場である通貨にいつでも交換することを約束する制度である。この約束がある分，通常の固定相場制に比べてより厳格な固定相場制といえる。例えば代表的なケースである香港ドルは，米ドルに相場を固定しているが，その相場で交換できるだけの米ドルを外貨準備として持つことにより，いつでも求められれば香港ドルを米ドルにこの相場で換えることができることを保証し，信頼を得ている。このような場合，その国の通貨が下落するという期待を持つ可能性は少なくなり，通貨を集中的に売って暴落させようとするような**投機アタック**に遭うリスクは低くなる。

「③ 固定相場制（Conventional fixed peg arrangements）」は通常の固定為替相場制度のことで，先に説明したように，厳密には変動幅を±1% 以内にとどめるものがこの分類に値する。ブレトンウッズ体制下ではほとんどの先進国がこの分類であったが，現在でも多くの国の通貨がここに分類される。ペッグしている通貨としてはドルが最も多く，次にユーロ，また，複数通貨の組合せにペッグしている国もある。ドルにペッグしている国のなかにはサウジアラビア，UAE といった産油国も含まれている。これは収入源である原油の価格が国際商品市場でドル建てで決定されるため，原油から得られる収入が為替相場の変動によるリスクを受けないようにするためである。ユーロにペッグしている国の多くはかつて植民地だったところが多い。複数通貨の組合せにペッグすることは，複数の通貨を同じバスケットに入れて，その値に常に相場を固定するのと同様であるため，特に**バスケットペッグ**と呼ぶ。

変動相場制

変動相場制とは，外国為替相場の決定を市場に委ねる制度のことである。そのため相場は市場における需要と供給によって刻々と変化する。通貨当局は介入することがないので外貨準備を介入のために用意する必要はなくなる。

ただし，このような純粋な変動相場制をとっている国はほとんどない。多くの国は急激な相場の変動があったときや，マクロ経済のファンダメンタルズ（基礎的条件）から予想される相場から現実の相場が大きく離れたときには外為市場介入をする。

メリットデメリットは，固定相場制の裏返しになる。メリットは，自由に金融政策をとることができること，他国のインフレやデフレを遮断することができることである。たとえ隣国がハイパーインフレーションになっても，その国の通貨価値が相対的に下がっていくことで，自国通貨はインフレにならずにすむのである。また，固定相場制にありがちな投機アタックを受ける可能性も低い。変動相場制であってもファンダメンタルズから乖離した値で相場が推移していればアタックを受ける可能性もあるが，自由に適当な相場で変動していれば，そのようなリスクはほとんどないと考えられる。

デメリットは，**為替リスク**があること，つまり，為替相場の予想が不確実であるということである。このため，輸出入の計画が狂って赤字が出たり，投資で予想外の損失を負ったりする。また，自国の金融政策運営がうまくいってないときは，自国だけがインフレになったり，デフレになったりする危険性もある。

IMF の分類では，「⑩ 自由な変動相場制（Free floating）」に，日本，アメリカ，ユーロをはじめとした主要先進国が分類される。⑨ と ⑩ の違いは，⑩ は相場が明らかに異常な値になったときに介入する，介入するときにはその方針を公表する，といった条件を満たしている国が分類されているところである。

中間グループ

ここで中間グループと呼んでいるのは，固定相場制と変動相場制の間のグループのことである。例えば，固定相場制であるが，固定相場から上下 15% 以内の変動を認めている場合がこのグループに入る。範囲が広いために，15% の上限までは介入が行われずに自由に変動する。このような例は，「⑦ **広いバンドを持つ固定相場制**（Pegged exchange rate within horizontal bands）」と呼ばれている。これ以外にも，複数の通貨が互いに変動する幅を定めている場合などがある。このとき，これらの複数通貨は，ほかの通貨からみるとグループのまま，幅を持って変動していくので，クローリングバンド制，クローリングペッグ制，などと呼ばれる。

金本位制

最後に，固定相場の特殊な形として，**金本位制**（Gold Standard）について説明しよう。金本位制は，通貨価値を金に固定する制度で，例えば，1円＝金〇〇オンス，といった形で相場を固定するものである。金本位制をとる場合，政府は通貨と金の交換を保証し，保有する金に合わせて自国通貨を発行することになる[2]。

多くの国が一斉に金本位制をとれば，各国間の外国為替相場も固定されるため，結果的に他国通貨に対しても固定相場制をとっていることになる。さらに，ある通貨（例えばドル）に対してほかの通貨が相場を固定するのに比べて，金本位制では，金に対してすべての通貨が相場を固定するので，ある通貨だけがほとんど介入をしないでよい，ということがなく，全通貨が平等に，同じ目標を持って行動することになり，対称的なシステムといえる。

金本位制のメリットは，金の量以上に自国通貨を発行することができないため，インフレが起こりにくいというところである。もしも，拡張的金融政策をとって自国通貨をどんどん発行すれば金の価格は上がってしまう（1オンスに等しい円は上昇してしまう）だろう。金本位制をとることで，他国からインフレに関する信頼も得ることができる。

一方，デメリットは，通貨供給量が金の量に左右されるため，金の採掘量が突然多くなったり，金の量が全然増えなかったり，という金の供給量に影響を受けるところである。また，金の埋蔵量の多い国を有利にしてしまう，という問題点もある。

2　より詳しく分類すると，この制度は金本位制のなかでも金貨本位制にあたる。その他に，国内的には通貨の兌換性を停止しているが対外的には金の輸出入を認めている金地金本位制，金兌換性を持つ通貨を準備として保有する金為替本位制がある。金本位制のしくみや金本位制の歴史については，石見（1995）を参照した。

6.2 日本をとりまく国際通貨制度の歴史

本節では日本を中心にどのような国際通貨制度がとられてきたのかを第一次世界大戦前からみてみよう。

第一次世界大戦前から第二次世界大戦にかけて

第一次世界大戦に入る前，世界の国際通貨制度の中心は金本位制であった。金本位制は正式な制度としてはイギリスが最も早く構築したが，1890 年代終わりには日本，ロシア，インドなどにも広がり，国際的に金本位制が確立された。当時，世界経済の中心はイギリスであり，イギリスの通貨であるスターリング・ポンドが基軸通貨として用いられていた。そのような状況のなかで，イギリス政府は，ポンドを一定の金と交換することを正式に定めていた。そのため，イギリスは保有する金に合わせてポンドを発行した。それ以上のポンドを発行すれば，ポンドを一定の金と交換することができなくなるためである。先述のように金本位制は，通貨供給を一定に保つ制度であり，インフレを防ぐ機能を持っている。また，そのようなメリットを持つことが知られているため，金本位制を採用すること自体が低インフレへの信頼につながっていた。当時，国際取引ではポンドが用いられており，金をバックにしたポンド体制であったということもできる。

第一次世界大戦が始まると，各国は金本位制を保つことができなくなった。戦時体制に入ると国は国債を発行して資金を集めて軍事力を高める。そのためにマネーサプライが増加し，金との交換比率を維持できなくなるからだ。各国は金輸出を禁止し，金本位制を放棄した。日本は 1917 年に金輸出を禁止して一時的に変動相場制に移行した。

第一次世界大戦と第二次世界大戦の戦間期は，各国が変動相場制から金本位制に復帰しようとするが，なかなかうまくいかず，変動相場制に戻る，といったことが多くみられた。日本にとっても関東大震災，金融大恐慌などが起こり，激動の時期であった。また当時は，戦前同様にイギリス・ポンドが基軸通貨として様々な通貨の仲介通貨となっていた地域もあったが，一部地域では米ドルが基軸通貨として仲介通貨になり，ポンドとドルが並行的に基軸通貨となっていた。大きな流れでいうと，基軸通貨は，第一次世界大戦前はポンド，戦間期がポンドとドル，そしてこの後第二次世界大戦を経て，米ドルが唯一の基軸通貨となる。

明治維新（1868年）に1ドル＝1円と定めた日本円は，1924年には1ドル＝約2.6円になっていた。日本は1930年より1ドル＝2円で金本位制に復帰したが，これは実質的には為替相場の切り上げであった。しかし1929年の大恐慌の影響で，1931年末には金輸出が再禁止されて金本位制は短期間で崩壊する。円ドル相場は，1ドル＝2.5〜3円に戻り，その後約5円まで急落した。この円安の影響もあり，日本は輸出産業を中心に景気が回復していく。1933年，アメリカは銀行倒産の連鎖から派生した金の流出を止めるために金輸出を再禁止した。この間，各国は自国の通貨をなるべく切り下げようとする近隣窮乏化政策をとり，切下げ競争が生じた。日本はその後，1934年から第二次世界大戦までポンドペッグをとる[3]。

第二次世界大戦が始まると，ポンドペッグは停止され，変動相場制になった。当時の円ドル相場は1ドル＝4.25円であった。終戦後には戦後インフレが起こった。その結果，日本円の名目的な価値はどんどんと下がり，1ドル＝15円，1ドル＝50円，1ドル＝270円，1ドル＝360円と変化した。しかし，戦争直後は固定相場が正式に採用されていたのではなく，ある程度の範囲内での変動相場であり，複数相場が存在することもあった。

ブレトンウッズ体制

第二次世界大戦終盤の1944年，44か国が集まりブレトンウッズ会議が開かれた。そこで結ばれた**ブレトンウッズ協定**では，金ドル本位制と呼ばれる通貨体制が採用されることになった。金ドル本位制とは，ドル

3　戦間期の為替相場の動きとその影響については畑瀬（2002）が詳しい分析を行っている。

は金に対して固定相場をとり，他の通貨は米ドルに対して固定相場をとる，といったものである。ただし，一定以上の不都合が生じるときには，平価を変更することができた。このような制度を**アジャスタブルペッグ制**（調整可能な固定相場制）と呼ぶ。ドルは金に1オンス＝35ドルで固定された。米ドルは他通貨に対して介入の義務がなく，その意味ではアメリカとその他のメンバー国の間には非対称性があった。日本は1952年に，1ドル＝360円という相場でブレトンウッズ協定に加盟した。

第二次世界大戦直後はポンドの国際通貨としての利用はある程度大きかったが，1949年に切下げをしたときに，ポンドスターリング圏以外の国はポンドから離れ，ドルを使うようになった。また，その後1967年の切下げの際にはスターリング圏の国もポンドからドルに移行した。しかしポンドからドルへの流れが決定的になったのは第二次世界大戦であり，そこを契機に基軸通貨が米ドルになった，といっていいだろう。

その後次第にアメリカはドルの発行を増やしていき，1960年には第一次ドル危機が起こった。そのとき，ロンドンの金市場では1オンスが41.6ドルまで上昇した。もともと1オンスは35ドルと規定されていたのがそこまで上昇するというのは，ドルが過剰に発行されているのではないかという予想が蔓延し，米ドルの信認がゆらぎ始めたからだ。それは，金に対するドルの量が多くなっている，つまり，1ドルの価値が実は下落しているのではないかという考えだ。その後，1968年に第二次ドル危機が発生する。これは先にも述べた1967年のポンド切下げを契機に金への需要が急増し，ドルも金に対して下がり始めたことが原因である。このときアメリカは，35ドルに対して1オンスの金が支払われるのは公的取引のみとし，民間の金については価格を自由とした。

やがて1971年にはニクソン大統領によって**金ドル交換停止**が宣言され，米ドルと金との間の固定相場は維持されず変動するようになり，ブレトンウッズ体制は終わった（ニクソンショック）。その後，スミソニアン会議が開かれ，新しい平価での固定相場制を確立しようという試みもなされたがうまくいかず，アメリカ，日本などブレトンウッズ体制下にあった国々は1973年に変動相場制に移行した。

変動相場制移行後

1973年に日本が変動相場制に移行した後，外国為替相場は大きく変化した。**図表6-2**は，1973年以降の円ドル相場の推移を示している。円は変動相場制になるとしばらく増価し，200円に近付いていくが，1970年代末のカーター大統領による**ドル防衛政策**により，円安ドル高が始まる。その後レーガン大統領もまた**「強いドル」政策**をとったことから1980年代前半はドル高が続いた。しかし，その間にアメリカは財政収支赤字と経常収支赤字という双子の赤字をかかえることになる。そして，この双子の赤字を解消するためにはドルが安くなることが必要だということが議論され，1985年9月にニューヨークのプラザホテルでアメリカ，日本，ドイツ，イギリス，フランスで構成される**G5**によって合意がなされ，主にアメリカ，日本，ドイツの協調介入によりドル安が実現された。これを**プラザ合意**という。しかしその効果は予想以上で，円はドルに対して二倍以上高くなってしまった。日本にとっては輸出における価格競争力が低下する，つまり，輸出品の価格を上げざるを得ない状況に追い込まれ，輸出産業は打撃を受けた。そして輸出産業は，なんとか価格を上げないですむように，生産費用を圧縮するなど努力をした。アメリカも予想以上のドル安について，これ以上のドル安はアメリカからの資金流出を引き起こし，国債への信用も低下するおそれがあるために食い止めたかった。1987年にはさらなるドル高が起こらないように介入することが合意され，これは**ルーブル合意**と呼ばれている。この合意により，日本にとっては，その後，円高ドル安を引き起こすおそれのある金利の引き上げを実行しにくい環境ができあがってしまった。バブルの絶頂時代にこのような合意がなされたことで，円の金利引き上げのタイミングが遅れたことが，その後のバブル崩壊の痛手を大きくしたことが指摘されている。

その後の1999年の**ユーロ**の誕生は国際通貨制度史のなかでも大きなインパクトを持つでき事だった。それまで，**最適通貨圏**の議論のなかで，

■図表 6-2　円ドルレートの推移（東京市場 ドル・円 スポット 17 時時点/月末）

統一通貨をつくることが様々な形で検討されてきたが，実際に通貨を数か国で統一するのはリスクも高く，実行する国もそうはいないと考えられていたのだ。しかし，ユーロという統一通貨をつくることになり，あっという間にそれが実現した。1999 年から計算上のユーロという単位が導入され，2002 年からユーロの紙幣やコインが導入された。このように複数の国が統一通貨を用いるようになるという例はこれまでになく，壮大な実験であるということもできる。

また，1990 年代は通貨危機が沢山発生した。1994 年のメキシコ，1997 年のアジア，ブラジル，アルゼンチンなどだ。ほとんどの国が米ドルにペッグしていて，米ドルとの間にリスクがないことをアピールし，成長に必要な資金を外国から取り入れていた。いったん危機が起こるとそれらの資金はあっという間に外国に戻っていき，各国は自国通貨を支えきれずに通貨が暴落するといった通貨危機が起こった。なお，最適通貨圏と通貨危機については，第 11 章で詳しく説明する。

確認問題

(1) 固定相場制のなかでもカレンシー・ボードがより厳格な制度である理由を述べよ。

(2) 第一次世界大戦や第二次世界大戦など，戦時に金本位制から各国が離脱した理由を述べよ。

参考文献

IMF, 2014, Annual Report on Exchange Arrangements and Exchange Restrictions 2014

石見徹（1995）『国際通貨・金融システムの歴史：1870～1990』有斐閣

大谷聡・藤木裕（2002）「21世紀の国際通貨制度：展望」日本銀行金融研究所／金融研究／2002.12

畑瀬真理子（2002）「戦間期日本の為替レート変動と輸出—1930年代前半の為替レート急落の影響を中心に—」日本銀行金融研究所／金融研究／2002.6

第7章

オープンエコノミー・マクロエコノミクス（開放マクロ）基本モデル

本章では変動相場制下・固定相場制下における金融政策と財政政策の効果を明らかにするための基本モデルについて説明する。

本章のポイント

■第8章，第9章の分析で利用する基本モデルについて説明する。

■*IS*-*LM* モデルに外国為替市場の均衡を加えることで，外国為替相場の影響を考えた分析ができるようになる。

7.1 イントロダクション

本章では，金融政策や財政政策といったマクロ経済政策がとられると，経済にどのような影響がもたらされるのかについて説明する。金融政策が変更された，とか，景気を浮揚させるために財政政策が前倒しにされた，などというニュースが日々報道され，現実の経済はそれらの政策に大きく左右されている。また，景気が低迷しているときに如何なる政策をとるべきか，デフレから脱却するにはどうすればよいか，という議論が日々行われている。それらの議論を理解するうえでも，基本的な政策効果を理解することが必要なのである。

経済政策の効果を考えるときに多くの人が想定するのは ***IS-LM* モデル**である。不況時に公共投資などの財政政策が採用されるときの議論も，*IS*-*LM* モデルが引用されていることが多いし，マクロ経済学を勉強したことのある人なら *IS*-*LM* モデルを知らない人はいないだろう。

しかし，基本の *IS*-*LM* モデルは閉鎖経済モデルであり，為替相場の影響はまったく無視している。日本のように貿易を盛んに行う国で，為替相場や貿易の影響を考慮にいれなくていいのだろうか。ここではそれに答えるために，**オープンエコノミー・マクロモデル**（開放経済マクロモデル）を用いて経済政策の外国為替相場を通した影響を考慮にいれた分析について説明する。*IS*-*LM* モデルとの違いは，財市場の均衡を考えるときに，経常収支が自国の所得だけでなく実質為替相場にも影響されることを仮定しているところと，外国為替市場の均衡（金利平価の成立）を考慮しているところである。また，近年オープンマクロ経済の政策分析をする際に，New Open Economy Macroeconomics（NOEM）が用いられることがあるが，それについては第 12 章で説明する。

本章では，財市場，貨幣市場，外国為替市場を同時に均衡させる金利，国民所得，外国為替相場が，政策によってどのように変化するのかを明らかにする。まず，財市場を均衡させる国民所得と金利の組合せを示す *IS* 曲線を導出し，その次に貨幣市場を均衡させる国民所得と金利の組

合せを示す LM 曲線を導出し，最後に外国為替市場を均衡させる金利と外国為替相場の組合せを示す AA 線を導出する。IS 曲線と LM 曲線と AA 線を描くことで，財市場と貨幣市場と外国為替市場を同時に均衡させる金利，国民所得，外国為替相場がどのように変化するのかを明らかにすることが可能になる。

7.2　IS 曲線の導出

IS 曲線とは，前述のように**財市場**を均衡させる国民所得と金利の組合せを示す線のことである。したがって，本節では財市場の均衡を満たすような国民所得と金利がどのような値になるのかをグラフで示す。ここで導出する IS 曲線はマクロ経済学の講義で勉強する閉鎖経済の IS 曲線とほぼ同じものであるが，経常収支が自国の国民所得のみならず，実質為替相場に左右されると考えるところが異なる。

IS-LM モデルはそもそも短期を前提とし，物価が調整されない時期を想定している。したがって，$P=1$ で変化しない，という仮定をおく。また，小国を仮定するので，外国の金利 r^* や，外国の物価 P^* は，自国の政策に関わらず，所与であると仮定する。このとき，財市場の均衡は以下のように表される。

Y	$=$	C	$+$	I	$+$	G	$+$	CA
国民所得		消費		投資		政府支出		経常収支
＜左辺：供給＞						＜右辺：需要＞		

左辺の Y は**国民所得**を表しており，例えば1年間で日本でつくられる財・サービスなどの生産物の総付加価値に値するものである。これが財市場の供給ということになる。右辺はこれに対して財市場における需要を表している。通常マクロ経済学では経済活動を行う主体を大きく，家計，企業，政府，海外部門，と四部門に分けて考える。この右辺の需要もそれに従っており，C（消費）は家計の財市場への需要を表してお

り，I（投資）は企業の財市場への需要，G（政府支出）は政府，CA（経常収支）は海外部門の需要をそれぞれ表している。

財市場における需要

ここでは上記の四部門の需要について説明していく。

1. 消費（C）

家計は，生活に必要な食料や家財を購入したり，レジャーに出かけて様々なサービスを利用するなど，生産物をいろいろな形で需要している。その家計の需要，つまり**消費**は，一般的に所得に比例してその大きさが決まってくると考えられる。ただし，所得のうち税金は消費に向けることができないので，正確には税引き後の所得，つまり可処分所得によって消費額は決まってくる。

$$C = C(Y - T)$$

ただし，T を税金とする。$Y - T$ は，
可処分所得（税引き後の所得）。

これは，消費 C が国民所得 Y から税金 T を差し引いた可処分所得に左右されて決まるということ，言い換えれば，消費は可処分所得の関数である，ということを表している。この式だけでは，この関数が一次式なのか二次式なのか，など，どのような形であるかわからない。しかし，一般的に考えて，可処分所得が増えれば消費も増えるだろう。したがって，消費 C は可処分所得（$Y - T$）の増加関数である。これを最も単純な一次方程式で表すと以下のような**ケインズ型消費関数**になる。

$$C = c_0 + c_1 \times (Y - T)$$

消費　独立的消費　限界消費性向　可処分所得

ここで，c_0 は定数部分であり，独立的消費と呼ばれる。独立的消費は所得の大きさとは関係なく，独立して決定される消費額である。例え

■図表 7-1　投資の収益率と金利の関係

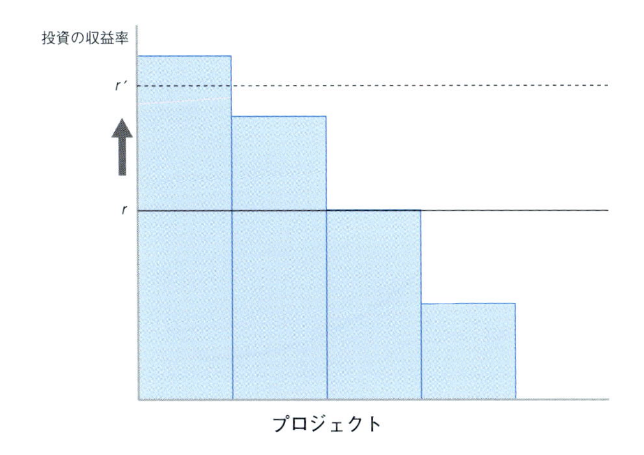

ば一か月に消費するトイレットペーパーの金額は所得が少々増えたり減ったりしても変化しないだろう。そのように，所得に左右されない必需品などが独立的消費にあてはまる。c_1 は可処分所得の係数で，限界消費性向と呼ばれる。この値が 0.1，0.2 と大きくなるにつれて，可処分所得のうち消費される金額が増えることがわかる。

2. 投資（I）

企業の生産物に対する需要は**投資**と呼ばれる。投資といっても証券投資などの投資ではなく，設備投資を思い浮かべてほしい。企業は生産活動を行うにあたり，様々な設備を整えたり，原料を購入したりして，財やサービスを需要するのである。このような企業の投資は，利子率が高いほど小さくなると考えられる。なぜなら企業は様々な収益率のプロジェクトを持っている。そのうち収益率が利子率以上のプロジェクトを実行すると考えられるからである。図表 7-1 には，様々な投資を収益率の大きい方から並べたグラフが示されている。金利 r より収益率の高いプロジェクトが実行されることになるが，金利 r が r' に上昇すれば，実行できるプロジェクトが減少することがわかる。また，このように考

■図表 7-2　投資関数

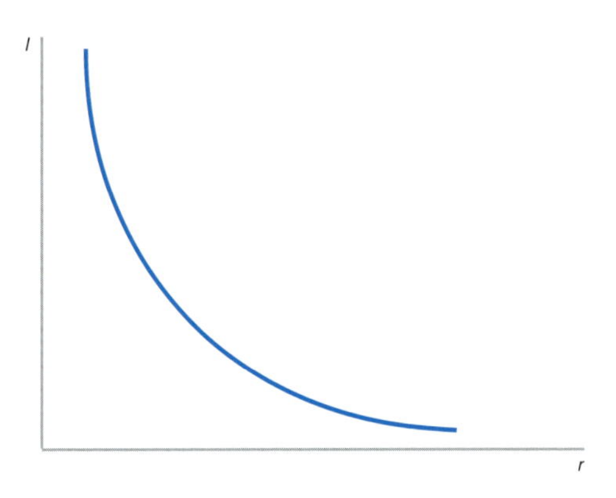

えると，投資は利子に反比例して動くことがわかる。これを関数の形で書くなら以下のようになる。

$$I = I(r)$$

ここで r は金利を表しており，投資 I は金利 r の減少関数となっている。グラフにすると，**図表 7-2** のように右下がりのグラフとなる。

3. 政府支出（G）

政府支出は政府による需要であり，政府が必要な財・サービスを購入するものである。ここではこれらの支出額は経済変数に左右される部分よりも，その時々の政府の方針によって決まってくる部分が大きいと考え，所与である（一定の値に決まっている）と考える。したがって，政府支出 G は如何なる変数の関数にもならない。

4. 経常収支（CA）

経常収支とは，居住者と非居住者との間の取引のうち，金融取引以外の取引，いわゆる経常取引を計上する項目である。第 1 章で説明したように，具体的には，財・サービスの輸出入の収支や，所得収支などが含まれる。

通常のマクロ経済学のテキストの *IS*-*LM* 分析の説明をみると，経常収支については値が所与とされているか，せいぜい輸入が国民所得に左右される，ということが説明されているだけである。しかし，ここではオープンマクロの形で考えるために，輸入が自国の国民所得の関数であること，実質為替相場が経常収支を左右するという要素を入れて考える。

まず，国民所得との関係については，輸入は自国の国民所得が増加すれば，通常の国内財への需要が増加するのと同じように増加すると考えられる。輸出については，貿易相手となっている外国の国民所得が増加すれば増加するのだが，ここではこれに関しては簡単のために省略する。

実質為替相場の影響はどうだろうか。円高になると輸出企業がダメージを受ける，という話は当たり前のように語られている。つまり，自国通貨が増価すれば経常収支は赤字化するということである。しかしこれは自動的に成り立つものではない。あくまでも円高で割高になった日本製品があまり売れなくなるということが前提だ。これに関する例外はすぐにみつかる。例えば，2008 年には原油が高騰したが，原油価格が高くなったからといって買わないわけにもいかず，結局日本の原油輸入量は大して減らず，日本の輸入金額は膨大に膨れ上がったのである。では，一体どういうときに，円高になると経常収支が赤字化する，ということがいえるのだろうか。その条件について次節で説明する。

マーシャル=ラーナー条件

円高になると経常収支が赤字化する，あるいはより一般的に，一国の通貨が増価するときに，当該国の経常収支が赤字化するという関係が成立する条件を，**マーシャル=ラーナー条件**という。マーシャル=ラーナー条件を説明するために，まず実質為替相場についてあらためて説明する。

1. 実質為替相場

実質為替相場とは第 3 章でも説明したように，物価で調整した外国為替相場のことである。輸出入は，実質為替相場が変化するとその影響で変化すると考えられる。

一般的に円高になって輸出企業が大変だ，というときに思い浮かべているのは1ドル＝100円，といった名目為替相場である。たしかに，物価が調整されないような短期でみれば名目為替相場が変化すれば輸出入が影響を受ける。しかし，例えばいくら円高になったとしても，日本で急激なデフレが進んでいて，輸出品の円建てでみた価格が下落傾向にあれば，必ずしも日本製品は外国からみて割高にはならない。したがって，名目為替相場だけではなく，各国の物価がどのような水準であるかということも考慮にいれて影響を考えなければならない。実質為替相場は以下のように表される。

$$\text{実質為替相場}\ q = \frac{\text{名目為替相場}\ E \times \text{外国物価}\ P^*}{\text{自国物価}\ P}$$

輸出入をするときには，自国と外国の物価を比べる必要がある。同じ通貨建てで比べるために，右辺の外国物価には為替相場をかけて，自国通貨建てにしてある。自国物価のほうが安ければ輸出が増えて輸入が減るし，外国物価のほうが安ければ輸出が減って輸入が増える。右辺は，自国の物価で測った外国物価の相対価格（自国物価を1としたとき外国物価がいくらになるか）ともいえるし，日本の購買力で測った外国の購買力ということもできる。

実質為替相場について具体的に説明するために，物価のかわりに車の価格を考えてみよう。日本車1台が200万円で，同じような車がアメリカで2万ドルで売られているとしよう。この二つのどちらが安いかを考えるには，どちらか一方の価格を相手国の通貨建てに変換する必要がある。今，1ドル＝100円だとしよう。すると日本車1台は200万円で，同様の米車が200ドルに為替相場の1ドル＝100円をかけて200万円となるので，日本車も米車も値段は同じで，このとき実質為替相場は1となる。もしもこれが1ドル＝90円になれば，米車は180万円となり，実質為替相場は9/10となり，実質円高となる。実質為替相場が小さくなる（円高）ということは，自国財価格に比べて輸入価格は下がるということである。これを価格効果という。そして，実質為替相場が小さくなるとき，輸入数量は増える。これは消費支出のシフトによる所得効果と数量効果である。輸入額全体は，価格効果と数量効果のどちらが大きいかによって変わる。

円安になったからといって，経常収支が黒字化するとは限らない。なぜなら，価格が下がっても，売上が増えなければ，価格が下がった分，輸出額は減るからだ。したがって，経常収支が黒字化するかどうかは価格弾力性の大小で決まる。

2. 輸出入の価格弾力性

輸出入の価格弾力性というのは，輸出入価格が1% 変化するときに，輸出入に対する需要がどれだけ変化するかを表すものである。例えば，アメリカからの輸入品の値段が1% 上昇するときに，アメリカからの輸入品への需要が1% 減少するなら，その弾力性は1と表される（マイナス1と表すこともあるが，通常価格が下がるときには需要は増加するため，この値が常にマイナスとなることから，マイナスをつけずに絶対値で表すことが多い）。これを式で表すと以下のようになる。

$$\text{輸出の価格弾力性}\,\eta = -\frac{\text{輸出数量の変化(\%)}}{\text{輸出価格の変化(\%)}}$$

$$\text{輸入の価格弾力性}\,\eta^{*} = -\frac{\text{輸入数量の変化(\%)}}{\text{輸入価格の変化(\%)}}$$

マーシャル=ラーナー条件とは，実質為替相場が1% 上昇する（円高になる）ときに，経常収支の値がマイナスになる条件である。したがって，経常収支，つまり輸出から輸入を差し引いた値をCAで表し，実質為替相場をqとするなら，

$$\frac{\Delta CA}{\Delta q} > 0$$

という条件である。このCAを輸出－輸入に置き換えて計算してまとめると，次のように表すことができる。

$$\eta + \eta^{*} > 1$$

ただしηは輸出の価格弾力性で，η^*は輸入の価格弾力性を表す。これをマーシャル=ラーナー条件という。導出については第12章で詳しく解説する。まとめると，輸出の価格弾力性と輸入の価格弾力性の和が1以上であるとき（輸出入の数量が実質為替相場に関して十分に弾力的であるとき），実質為替相場が円高になると輸出が減って，輸入が増えて，経常収支は赤字化する。（実質所得が円安になると輸出が増えて，輸入が減って経常収支は黒字化する。）これは言い換えれば，数量が実質為替相場に関して十分に弾力的であれば，実質為替相場が変化するときに数量効果のほうが価格効果よりも大きく，十分に数量が変化するという意味である。

IS 曲線の導出

マーシャル=ラーナー条件より，経常収支は実質為替相場の関数であり，また，輸入は自国の可処分所得$Y-T$に依存して決まるので，経常収支は以下のように実質為替相場と可処分所得の関数として表せる。

$$CA\text{（経常収支）} = CA(q,\ Y - T)$$

今，導出しようとしている*IS*曲線とは，財市場を均衡させる金利rと国民所得Yの組合せである。縦軸を金利r，横軸を国民所得Yとすると，*IS*曲線はどのような形状になるだろうか。財市場の均衡はこれまでの議論から，次のように，可処分所得$Y-T$，金利r，政府支出G，実質為替相場q，の関数として表すことができる。

$$Y\text{（国民所得）} = D(Y - T,\ r,\ G,\ q)$$

グラフのなかの点Aで上記の式が成立しているとき，Yだけが上昇した点Bでは，

$$Y > D(Y - T,\ r,\ G,\ q)$$

となる。この新たなYのもとで，$Y=D$を成立させるDがどこにあるかというと，右辺を大きくするためにrが小さくなる必要があるので，

■図表 7-3　*IS* 曲線

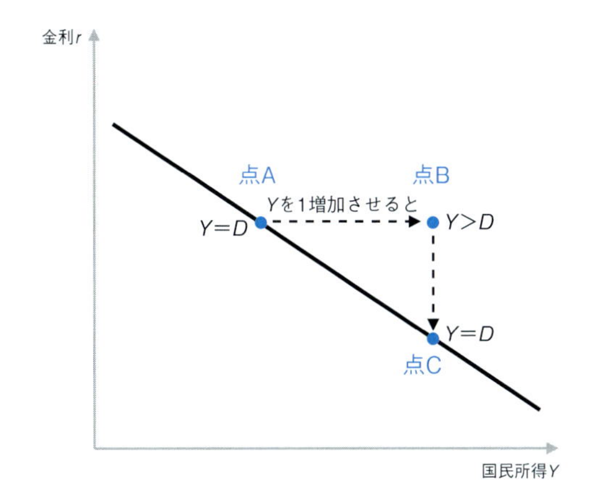

より r が低いところ（点C）にあるはずである。したがって，*IS* 曲線は点Aと点Cを結ぶ右下がりの線になるはずであることがわかる。

7.3　*LM* 曲線の導出と *IS-LM* 分析

次にここでは貨幣市場を均衡させる ***LM* 曲線**を導出する。

まず，貨幣市場における需要とは貨幣そのものを持ちたいという需要のことで，第5章で説明したとおり，以下のように表される。

$$L\ （貨幣需要）= L(r,\ Y)$$

ここで L は貨幣需要関数である。貨幣を需要する動機は通常，取引動機，予備的動機，資産動機があるといわれる。**取引動機**とは取引をするために金融資産を貨幣にかえて保有しようという需要である。所得が大きくなれば取引額も大きくなると考えられるため，貨幣需要は国民所得 Y の増加関数である。ここで貨幣需要は実質で表されているとすると国民所得 Y も実質値である。**予備的動機**は取引に備えて需要するというものなので，取引動機と同様の性質を持つと考えられる。

資産動機は，金融資産ではなく，貨幣で資産を保有しようという動機である。通常であれば，資産はすべて利子を生む金融資産にして運用すればいいように思われる。しかし，実際には金利が低く，債券価格が高騰しているような状況では，債券を購入売却するのにある程度コストがかかるなら，これから金利が上昇してから債券を購入しようと考える人たちが資産を貨幣にして待機するだろう。したがって，金利が低くなると貨幣需要が高くなると考えられる。またこのときの金利は貨幣の利回りに対する債券の利回りに左右されるため，名目金利になる。

1. 貨幣市場の均衡と *LM* 曲線の導出

貨幣供給は詳しくは金融論のテキストに譲るが，いわゆる「マネーサプライ」，世の中に供給されている貨幣のことである。この名目マネーサプライを M として，これを物価 P で割って実質値にしたものと貨幣需要（実質）が等しくなるところで貨幣市場が均衡する。

貨幣の供給 ＝ 貨幣の需要

M（名目マネーサプライ）$/P$（物価）$= L(r, Y)$

LM 曲線は，貨幣市場が均衡した状態での r と Y の関係である。ここで，*IS* 曲線と同様に *LM* 曲線のグラフを導出してみよう。縦軸を金利 r，横軸を国民所得 Y とすると，*LM* 曲線はどのような形状になるだろうか。グラフのなかの点 A で上記の式が成立しているとき，Y だけが上昇すると（点 B），

$$\frac{M}{P} < L(r, Y)$$

となる。この新たな Y のもとで，$M/P = L$ を成立させる r がどこにあるかというと，右辺を小さくするために r が大きくなる必要があるので，より r が高いところにあるはずである（点 C）。したがって，*LM* 曲線は**図表 7-4** のように右上がりになるはずであることがわかる。

均衡点から Y だけ 1 増加させた点における Y と r の組合せを代入す

■図表 7-4　*LM* 曲線

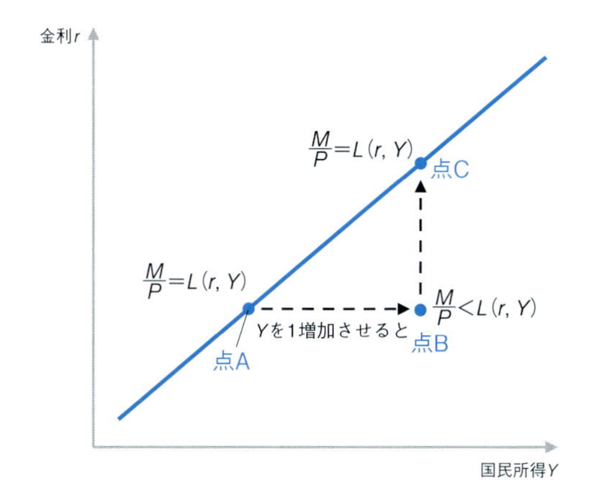

ると $M/P < L$ となる。ということは，その点よりも r が高いところに均衡点があることがわかる。

2. *IS*-*LM* 分析

ここまでで，*IS* 曲線と *LM* 曲線が出揃ったので，通常の *IS*-*LM* 分析について復習しておこう。まず，金融緩和政策としてマネーサプライ M が増加したらどうなるだろうか。ここで M に関係あるのは *LM* 曲線だけである。M が増加したことで，もはや *LM* 曲線上の金利 r と国民所得 Y を代入しても $M/P = L(r, Y)$ の式は成立せず，$M/P > L(r, Y)$ となってしまう。均衡が成立するような r, Y の組合せがどこにあるかは，$M/P > L(r, Y)$ を等式にする点がどこにあるかを考えればわかる。貨幣需要 L を大きくするには，国民所得 Y が増加するか，金利 r が低下すればよいので，*LM* 曲線は右下にシフトすることがわかる。これはまた，金融緩和政策により Y が増加する，という直感的理解にもあっている。

財政拡張政策がとられ，政府支出 G が増加したらどうなるだろう。ここで G に関係あるのは *IS* 曲線だけである。金融政策のときと同様に考えればGの増加によりIS曲線は右上にシフトする。これも，財政拡張政策によりYが増加する，という直感的理解にあっている。

3. 外国為替市場の均衡と金利裁定

ここまでは通常のマクロ経済学のテキストに出てくる内容とほぼ同じだが，外国為替市場の均衡については閉鎖経済のIS-LM分析では扱わないので，そこがオープンマクロモデルの特徴といえる。外国為替市場では通貨の価格が刻一刻と変化することで均衡が達成される。通貨を買い換えている人たちは，常にどの通貨で資産を運用しようかと考えている。ある通貨で運用したほうが得になるならその通貨で運用する人がどっとふえ，その通貨の現在の価値は高くなり，その通貨の金利は下がるだろう。相対的にほかの通貨の現在の価値は低くなり，金利は上がるだろう。この取引は両通貨の収益率が同じになるところまで続く。

そして，このような取引の結果，国際間で収益率（金利）に裁定が働くことを**金利平価**，**金利裁定**と呼ぶ。つまり，自国の金利と，自国からみた外国の金利は，等しくなるはずであるという考え方である。言い換えれば，自国で資産を運用したときの収益率と外国で資産を運用したときの収益率は，裁定が働くために等しくなるはずだという考え方である。これには，資本移動が自由で，その国のリスクに偏りがないなどの条件が必要である。

自国で運用するときの収益率 ＝ 外国で運用するときの収益率

例えば外国で運用するときの収益率が高ければ，自国で資産を運用しようとする人はみんな自国通貨を外貨に換えて運用しようとするので，外貨の価値は高くなり，金利は下がるだろう。同時に自国通貨の価値は低くなり，金利は上がり，それは等号が成立するまで続くと考えられる。

第3章のフォワード取引で前述したが，自国金利をr，外国金利をr^*とするとき，自国での収益率はrとなるが，外国での収益率はいくらになるだろう。外国で資産を運用するにはまず通貨を外貨に買える必要がある。その相場が今，1ドル＝E円だとしよう。そして運用後に円

■図表 7-5　外国為替市場の均衡

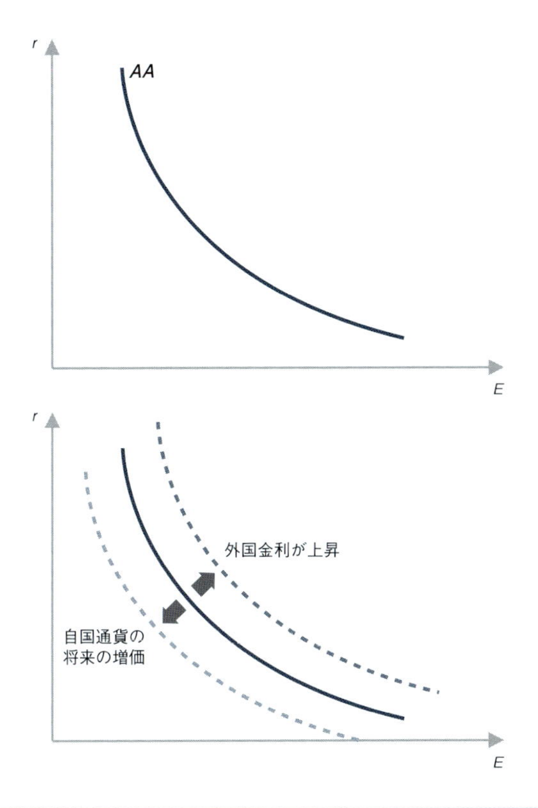

に戻す相場を E^e とすれば，上記の式は以下のようになる。

$$r = r^* + \frac{(E^e - E)}{E}$$

これを金利裁定式と呼ぶが運用後に円に戻す相場を予想して期待為替相場（E^e）を用いているのでカバー無し金利裁定という[1(次頁)]。

このとき，これ以上資産の運用場所を変えようという人はいなくなり，外国為替市場，あるいは外国為替市場と貨幣市場を合わせた，広い意味でのマネー市場が均衡すると考えられる。この式を成立させるように r と E は決められていくので，縦軸を金利，横軸を為替相場とすると，r と E の関係は図表 7-5 のように右下がりの線になる。これを *AA* 線と呼ぶことにしよう。

確認のため，AA 線がどのようにシフトするかを考えておこう。まず，当初均衡が成立しているとしよう。ここで外国金利 r^* が上昇すると，もはや元の r と E の組合せでは以下のように収益率が等しくならない。

$$r < r^* + \frac{(E^e - E)}{E}$$

したがって，新しい均衡の組合せは，より r が大きいところ，あるいは E が大きいところにあるはずなので，AA 線は右上にシフトする。また，自国通貨の将来の増価を予想するとき（これから円高になると考えられるとき）には，E^e が小さくなるため，AA 線は左下にシフトする。

確認問題

(1)　マーシャル=ラーナー条件は如何なるものか。また，これが成立しているとどういうことがいえるか。

(2)　実質為替相場とはどういうものか。なぜ輸出入への影響を考えるときに名目ではなく実質為替相場を考えなければいけないのか。

1　この式と56頁の式は E^e が F（先物相場）で表されているだけで同じものである。56頁の式は次のように変換できる。

$$1 + r_{¥} = (1 + r_{\$})\left(1 + \frac{F - S}{S}\right) = 1 + r_{\$} + \frac{F - S}{S} + r_{\$} \cdot \frac{F - S}{S}$$

$r_{\$} \cdot (F - S)/S$ は小さい値なので省略すると，

$$r_{¥} = r_{\$} + \frac{F - S}{S}$$

となる。

第8章

変動相場制における経済政策の効果

本章では第7章の基本的な枠組を使って変動相場制下における金融政策と財政政策の効果を説明する。

本章のポイント

■金融政策・財政政策の効果を考えるときに，政策の影響で為替相場が変化し，為替相場の変化によってさらに政策効果が変化することまで考慮すると結果は大きく変わる。

■為替相場の変化の影響を考慮にいれると，*IS*-*LM*分析の結果に比べて，変動相場制下では金融政策の効果はより大きくなり，財政政策の効果は小さくなる。

8.1 イントロダクション

第7章では基本的なモデルの設定について説明した。本章では，その設定を利用して，金融政策と財政政策の効果について説明する。

先に結論を述べると，日本のような変動相場制の国で金融緩和政策をとるときは，*IS*-*LM* モデルに比べて，本章のモデルで考えるほうが国民所得を押し上げる効果が大きい。一方，公共投資などの財政拡張政策をとる場合，金利が上昇して外国為替相場が円高になるために，経常収支は悪化して，公共投資が国民所得を押し上げる効果は部分的に消滅してしまう。したがって，*IS*-*LM* モデルで考えているときより財政政策の効果は小さくなる。

8.2 金融政策の効果

本章では，第7章で説明した *IS* 曲線，*LM* 曲線，*AA* 線を一つの金利の軸で表すために，図表 8-1 のようなグラフを使って説明していく。*AA* 線が，第7章とは左右が逆に描かれていることに注意しよう。

このモデルは，小国を仮定しており，物価は動かない短期を想定しているが，為替相場についてだけは将来の予想を入れている。オープンマクロにおける政策効果を説明しているテキストをみると，**マンデル=フレミングモデル**を説明しているもの，クルーグマン=オブズフェルド（2014）のようにオリジナルなグラフを使って説明しているもの，そして，本書のようにマンデル=フレミングモデルをやや応用した形のものなどがある。*IS*-*LM* 分析に慣れた読者が直感的に理解しやすいのは，マンデル=フレミングモデルだと思われるので，本書では，マンデル=フレミングモデルを為替相場について一時的に為替相場 E とその予想値である**期待為替相場** E^e が乖離することを許すような形を採用することにする[1]。

■図表 8-1　基本のグラフ

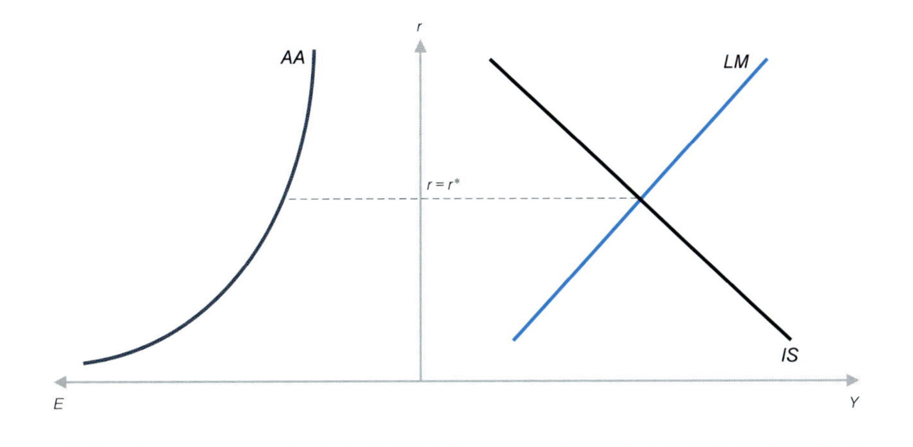

一時的政策の効果

まずここでは変動相場制下における金融政策の一時的政策の効果をみてみよう。**一時的政策**とは，今期のみ採用される一度きりの政策という意味である。これに対して，継続的政策とは，今期の政策が来期以降も継続される状況を考える。

政策が一時的であるか，継続的であるか，という違いは，ここでは期待為替相場の値に影響を与える。政策が今期だけの一時的なものであるなら，来期以降は政策効果はなくなり，経済はまた元の状態に戻ると考えられる。したがって，一時的な政策がとられるケースでは，期待為替相場は，政策がとられる前の状態と同じままである。

一方，政策が来期以降も継続的に採用され続けるなら，来期以降の為替相場も変化すると考えられるので，期待為替相場の値も変化する。政策効果を一時的，継続的，に分けて説明するのは以上の理由による。

モデルの初期の状態を仮定しておこう。簡単のため，自国と外国の金

1　本書の説明に最も近いものとして村瀬（2006）がある。また，マンデル=フレミングの応用としては，動学的マンデル=フレミングモデル，確率的マンデル=フレミングモデルなどがある。

■図表 8-2　変動相場制下の一時的金融政策の効果（1）

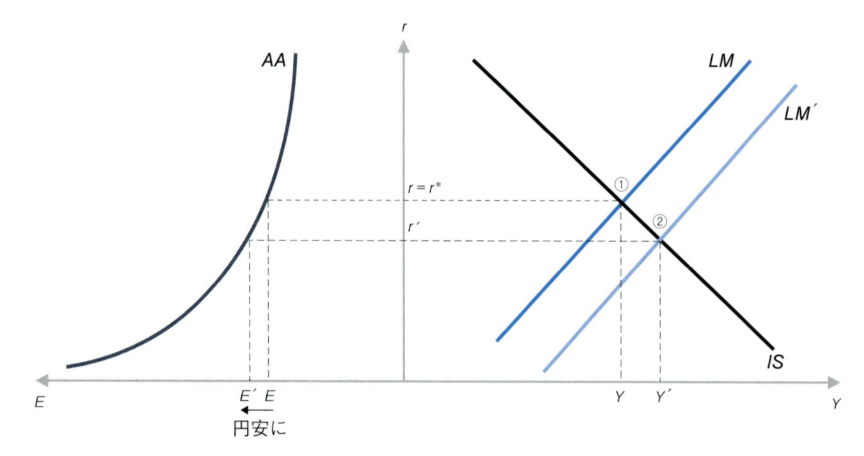

M を増やすと LM 曲線が右下にシフトして，均衡は①から②になる。その結果 Y が Y´ に増加し，r が r´ に低下する。AA 線をみると，r が低下したことから，E が円安になることがわかる。

利は等しく（$r = r^*$），為替相場は将来も変わらないと予想されている（$E^e = E$）とする。また，ここでは小国モデルを仮定しているため，自国の政策が変化しても外国金利 r^* は変化しない。

ではここで，政府が金融政策として，マネーサプライ（M）を増加させるとしよう。M が増加すると，貨幣市場の均衡に変化が生じるので，LM 曲線がシフトする。どちらの方向にシフトするかというと，前節で説明したように，M を増加させ，拡張的な政策を採用するということは，直感的に考えても Y を増加させる方向，すなわち，右下にシフトすると考えられる。よって，国民所得 Y が増加し，金利 r が低下する。

この結果は，閉鎖経済モデルである IS-LM モデルから導かれるものである。ここではオープンマクロモデルなので，外国為替市場の均衡を表す AA 線がプラスされている。これを使えば，以上のような LM 曲線の変化で金利が低下したために，為替相場が減価（円安方向に動く，E が大きくなる）することがわかる（図表 8-2 参照）。

■図表 8-3　変動相場制下の一時的金融政策の効果（2）

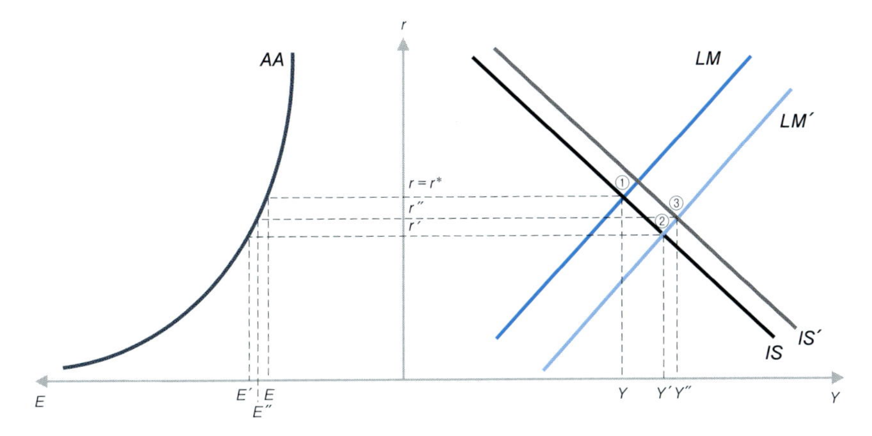

M を増やすと LM 曲線が右下にシフトして，均衡は①から②になる。その結果 Y が Y' に増加し，r が r' に低下する。AA 線をみると，r が低下したことから，E が円安になることがわかる。

E が減価したことから，経常収支が増加（黒字化）するため，IS 曲線が右上にシフトして，均衡は②から③になる。最終的な均衡 Y'' は IS-LM モデルを使ったときの均衡 Y' に比べて大きくなっている。

そして，E が変化すると，さらなる変化が起こる。IS 曲線と LM 曲線のうち，IS 曲線には E が含まれている。どのように含まれていたかというと，以下のとおりである。

$$Y = C(Y - T) + I + G + CA(q,\ Y - T)$$

$$q = \frac{EP^*}{P}$$

為替相場の減価（円安）により，経常収支 CA がプラス方向に動く。よって，IS 曲線は図表 8-3のように右上にシフトする。結果をまとめると，当初に比べて国民所得 Y（$Y \to Y''$）が増加し，金利 r（$r \to r''$）が低下し，為替相場 E（$E \to E''$）が円安になっている。国民所得 Y の増加幅は，IS-LM モデルで予想していたもの（$Y \to Y'$）よりも大きい。これは，IS-LM モデルでは金利 r の低下によって円安になり，貿易収支が黒字化することを考慮にいれていないからである。

ところで，IS 曲線が円安によって最後にシフトする幅はどれくらいなのだろうか。図に描かれているように，IS 曲線は，それほど大きくはシフトせず，最終的な均衡点である③における金利は，初期の均衡点①に比べて低い。これは，円安の効果は貿易を通して表れるのでそれほど大きな値ではないと考えられるからである。また，③においては，

$$r < r^*$$

というように，自国金利が外国金利より低くなっていることを示している。カバー無しの金利平価（$r = r^* + (E^e - E)/E$）は常に成立しているので，

$$\frac{(E^e - E)}{E} < 0$$

となっているということである。これは，一時的な政策によって現在 E が円安になっているが，将来は政策が解かれるので，期待為替相場 E^e が現在の E より円高になる（$E^e < E$）ためである。

継続的政策の効果

前項では一時的政策の効果について説明したが，ここでは一度限りではなく，毎期継続的にこの政策がとられていくときの効果について考える。**継続的政策**の効果といってもこのモデルは静学的モデルであり，今期の反応のみを考えるものである。しかし，モデルのなかに期待為替相場が含まれるため，この部分が，政策が一時的なものか，継続的なものか，という将来の予想に左右されることで今期の政策の効果が異なってくる。

継続的に政策がとられるとき，今期変化した為替相場は，来期も元には戻らずに，変化したままであると予想される。これにより，一時的な政策のときとは異なり，期待為替相場 E^e が変化する。金融緩和政策がとられるときは，前項でみたように，金利が下がり，為替相場が減価す

■図表 8-4　変動相場制下の継続的金融政策の効果

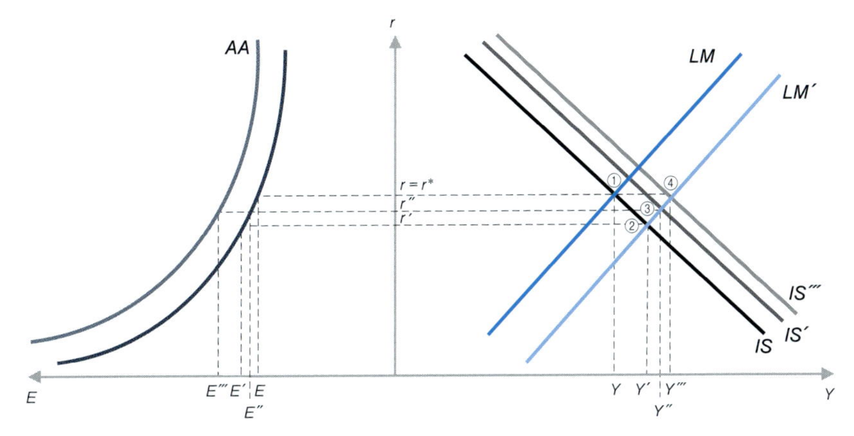

まず一時的政策と同じことが起こる。その後，E^e が円安に変化するので，AA 線は左上にシフトする。するとさらに円安になるため，IS 曲線が右上にシフトして，均衡は③から④になり，金利は元の金利水準まで戻る（$E^e = E$）。

る（$E\uparrow$）。したがって，期待為替相場もまた減価する（$E^e\uparrow$）。第7章でみたように，期待為替相場が減価するときには AA 線は左上にシフトする。よって，図表 8-4 のように AA 線がシフトし，その結果，為替相場は減価し，IS 曲線はさらに右上にシフトする。そして，最終的には利子率が $r = r^*$ になるところに均衡が落ち着く。なぜなら，新しい E の水準でカバー無し金利平価が成立しており，$E^e = E$ となるからである。

最終的な結果 Y''' は IS-LM モデルで考えられる結果 Y' や一時的金融政策の効果で考えられる Y'' より大きい値となる。

8.3 財政政策の効果

一時的政策の効果

本節では財政政策の効果について考えてみよう。ここでは政府支出 G が増加するケースを考える。不況対策の公共投資などは通常 G の増加として現れるから，そのような政策の効果をここで検証することになる。

G が増加すると，財市場の均衡に変化が生じるので，IS 曲線がシフトする。どちらの方向にシフトするかについては第7章で説明したが，直感的に考えても，G を増加させて拡張的な政策を採用するということは，Y を増加させる方向，すなわち，図表 8-5 のように右上にシフトすると考えられる。よって，国民所得 Y が増加し，金利 r が上昇する。金利 r が上昇するためにクラウディングアウト効果が生じて，民間投

■図表 8-5　変動相場制下の一時的財政政策の効果（1）

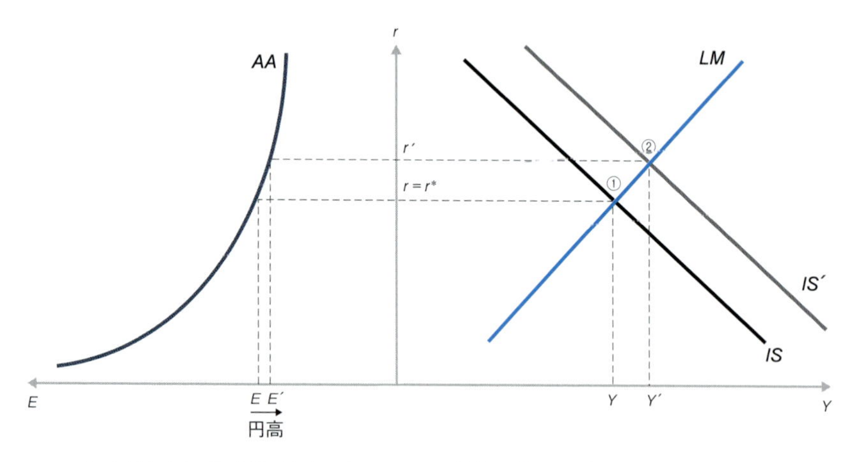

G を増やすと IS 曲線が右上にシフトして，均衡は①から②になる。その結果 Y が Y' に増加し，r が r' に上昇し，E は E' となる。

■図表 8-6　変動相場制下の一時的財政政策の効果（2）

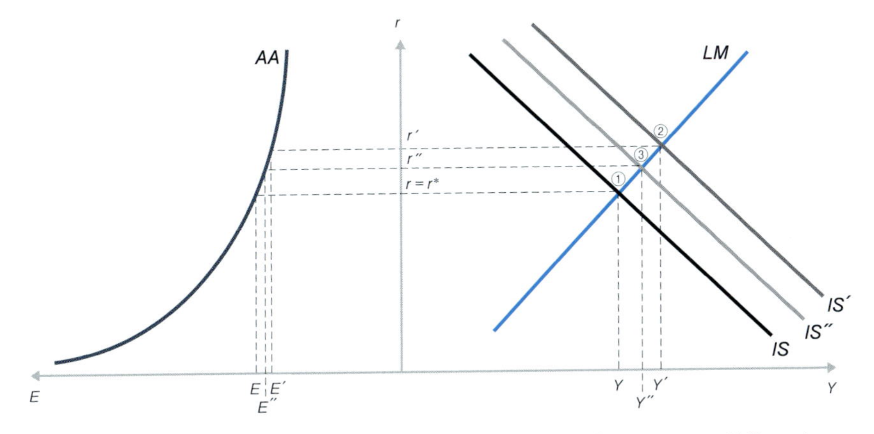

G を増やすと *IS* 曲線が右上にシフトして，均衡は ① から ② になる。その結果 *Y* が *Y′* に増加し，*r* が *r′* に上昇し，*E* は *E′* となる。*E* が増価したことから，経常収支が赤字化するため，*IS* 曲線が左下にシフトして，均衡は ② から ③ になる。最終的には均衡 *Y″* は *IS-LM* モデルを使ったときの均衡 *Y′* に比べて小さくなっている。

資は抑制される。

この結果は，閉鎖経済モデルである *IS*-*LM* モデルから導かれるものである。ここではオープンマクロモデルなので，外国為替市場の均衡を表す *AA* 線がプラスされている。これを使えば，以上のような *IS* 曲線の変化で金利が上昇したために，為替相場が増価する（円高方向に動く，*E* が小さくなる）ことがわかる（図表 8-5 参照）。

そして，*E* が変化すると，さらなる変化が起こる。先にみたように，*IS* 曲線と *LM* 曲線のうち，*IS* 曲線には *E* が含まれているため，為替相場の増価（円高）により，シフトする。具体的には *CA* がマイナス方向に動くことによって，*IS* 曲線は図表 8-6 のように左下にシフトして *Y* は減少する。

結果をまとめると，当初に比べて国民所得 *Y* が増加し，金利 *r* が上昇し，為替相場 *E* が円高になっている。しかし *Y* の増加幅は，*IS*-*LM* モデルで予想していたものよりも小さい（図表 8-6）。これは，*IS*-*LM* モデルでは金利 *r* の上昇によって円高になり，貿易収支が赤字化する

■図表 8-7　変動相場制下の継続的財政政策の効果

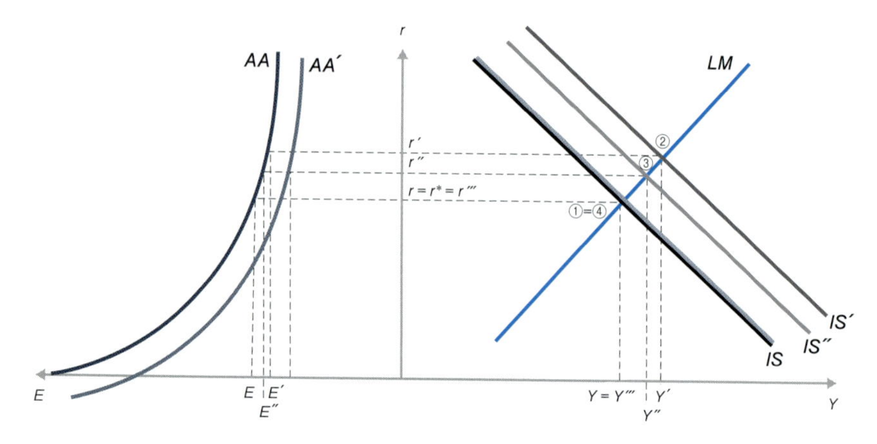

まず一時的効果と同じことが起こる。その後，E^e が円高に変化するので，AA 線は右にシフトする。するとさらに円高になるため，IS 曲線が左下にシフトして，均衡は③から④になり，元の金利水準まで戻る（$E^e = E$）。

ことを考慮にいれていないからである。なお，r^* より r'' は高いところでとまる（③）。それは，E^e は，元の E のままだが，E は一時的に E より円高になっている（$E'' < E^e = E$）ためである。

継続的政策の効果

金融政策の継続的政策の効果をみたときのように，ここでも継続的に政策がとられているときには期待為替相場 E^e が変化する。変化する方向は，前項によると円高方向である。したがって，AA 線は金融緩和政策のときとは反対に，右下にシフトする（図表 8-7）。

すると，同じ金利に対して為替相場はさらに円高になる。これにより，IS 曲線はさらに左下にシフトして，結局元の IS 曲線と重なるところまでシフトバックする。なぜなら，新しい E の水準でカバー無し金利平価が成立しており，$E^e = E$ となり，r も r^* に等しくなっているからである。

最終的な結果 Y''' は IS-LM モデルで考えられる結果 Y' や一時的金

融政策の効果で考えられるY''より小さい値となる。しかも，元の線まで戻るということは初期状態と等しく，財政政策が無効であることがわかる。

8.4 まとめ

第8章ではオープンマクロモデルを用いて，変動相場制下の金融政策と財政政策の効果について説明した。その結果，金融緩和政策をとると，金利が下がり，国民所得が増加する，といういわゆる*IS*-*LM*モデルでの結果に加えて，金利が下がるために為替相場が減価して，経常収支が改善することでさらに国民所得が増加し，金利が上昇するということがわかった。一方，財政拡張政策をとると，*IS*-*LM*モデルで知られているように，金利が上がり，国民所得が増加する。そしてそれに加えて，金利が上昇するために為替相場が増価して，経常収支が悪化することで，金利が下がり国民所得が低下することがわかった。したがって，金融緩和政策については，*IS*-*LM*モデルで考えていたよりも国民所得を押し上げる効果が大きく，財政拡張政策については，*IS*-*LM*モデルで考えていたよりも国民所得を押し上げる効果が小さい。さらに，継続的に財政拡張政策をとるときは，効果がまったくなくなり，財政政策は無効となる。

この結論が正しいのであれば，日本のように変動相場制を採用している国では財政政策を継続的に行ってもまったく効果がないことになる。しかし，景気対策の財政政策は通常一時的なものである。したがって，まったく効果がないとはいえないだろう。また，このモデルが，短期モデルであり，物価の変化はないと仮定していることや，小国モデルであることも注意しなければならない。さらに，現地生産の増加など，為替相場が貿易に与える影響が低くなってきていることも考慮にいれるべきだろう。

確認問題

(1) 変動相場制下では財政政策の効果より金融政策の効果のほうが大きくなると考えられる理由を説明せよ。

(2) 現地生産などが増加して為替相場が貿易に与える影響が低くなると，本章の金融政策・財政政策の効果はどのように変化すると考えられるか。

参考文献

クルーグマン P. R.・オブズフェルド M. (2014)『クルーグマンの国際経済学』上：貿易編，下：金融編／山本章子訳／丸善出版

村瀬英彰 (2006)『金融論（シリーズ新エコノミクス）』日本評論社

第9章

固定相場制における経済政策の効果

本章では第7章の基本的な枠組を使って固定相場制下における金融政策と財政政策の効果を説明する。

本章のポイント

- 固定相場制では為替相場を一定に保つために外国為替市場介入が行われ，それに伴いマネーサプライが変化する。
- 固定相場制下では，*IS*-*LM* 分析の結果に比べて，金融政策の効果は無効になり，財政政策の効果はより大きくなる。
- 固定している相場が見直されるときや，固定している相場が見直されるのではないかと予想されるときには Y が変化する。

9.1 イントロダクション

第9章では，第7章で説明したモデルを用いて，固定相場制下における金融政策と財政政策の効果について説明する。まずはじめに，固定相場制を理解するために，外国為替市場における介入操作について説明し，その後で金融緩和政策，財政拡張政策の効果についてそれぞれ説明する。固定相場制の場合は，固定相場制が続くと予想されるかぎり，期待為替相場 E^e は常に現実の為替相場 E に等しい値なので，一時的な政策の効果と継続的な政策の効果に相違はない。したがって，第8章における変動相場制下の説明とは異なり，ここでは一時的な政策と継続的な政策の区別は行わない。

先に結論を述べると，固定相場制の国で金融緩和政策をとっても国民所得を押し上げる効果はなく，金融政策は無効である。公共投資などの財政拡張政策をとる場合は，金利が上昇することによって為替相場が増価するのを防ぐために外国為替市場介入を行い，その結果としてマネーサプライが増加するために，国民所得を押し上げる効果は変動相場制のケースより大きくなる。

9.2 外国為替市場での介入

固定相場制下の政策効果について説明する前に，固定相場制そのもののしくみについて復習しておこう。かつて日本円も1ドル＝360円に固定されていたが，現在のように毎日大きく変動する相場よりも，固定された相場のほうが利用する側からみればシンプルでわかりやすい。しかし，通貨当局にとっては固定相場制のほうが変動相場制に比べると扱いにくい。なぜなら，変動相場制であれば，市場の需給にまかせて相場が決定されていくままにしておけばよいが，固定相場制となれば，市場の需給にまかせて変動する相場を，常に一定の値に固定しなければならないからである。そのため，通貨当局は常に介入しながらその値を注視していなければならないのである。

外国為替市場における市場介入とは

外国為替市場における市場介入は，**外国為替平衡操作**とも呼ばれる。第5章で説明したように現在の日本は変動相場制を採用しているので，固定相場制のときのような日々の介入操作は必要ない。

ここでは固定相場制について考えるために，具体的に外国為替市場介入が行われるときに如何なる操作が行われるのかを確認しよう。

まず，中央銀行のバランスシートがどのように変化するかを考える。**バランスシート**とは**貸借対照表**のことであり，資産の取得は「資産」側のプラスの変化として表され，負債の増加は「負債」側のプラスの変化として表される。

図表 9-1 は中央銀行のバランスシートの例である。ここで，外国資産は外貨準備のことである。外貨準備は主に外国為替市場介入によって増減する。例えば市場介入で円を売ってドルを買えば外貨準備が増加する。そして通常はこの外貨準備は，外貨建て債券，例えば日本であればその多くはアメリカの国債で運用される。預金とは，金融機関が日銀に置いている当座預金の残高のことである。現金については，負債として記載されている。中央銀行は，貨幣を刷るか，証券を発行して自国通貨を調達し，それを使って外貨を買う。これは，証書を刷ってお金を借りて債券などを買う，という行為と同等と考えることができるからである。このバランスシートは複式簿記にのっとっており，資産と負債は同額にな

■図表 9-1　中央銀行のバランスシート（例）

資　産		負　債	
外国資産	100億円	民間銀行の当座預金	50億円
自国資産	150億円	流通現金	200億円

るように記載されている。

外国為替介入とマネーサプライ

では，バランスシートのしくみをふまえたうえで，外国為替市場介入とマネーサプライの関係を整理しておこう。まず，円買いドル売り介入について説明する。この場合，日本の通貨当局は，円を買うために，外貨，通常はドルを用意しなければならない。この外貨は，外国為替資金特別会計外貨資産として保有されている米国債などを現金化することで得ることができる。この資金をつかって，円を購入して相場を上昇させようとするのである。これをバランスシートの動きで考えると，外貨資産を崩すことによって資産側の外貨資産が減少し，購入した円を負債に当てることで負債側の現金が減少することになる。結果として，世の中に出回っている現金が回収され，マネーサプライが減少することになる。

したがって，円買いドル売り介入というのは，金融政策でマネーサプライを減少させるのと同じ効果を持つ。外国為替市場介入をしたくても，金融引き締めを行いたくはない，というときは，介入後に，マネーサプライの量を元に戻すような操作をする。円買い介入のときは，マネーサプライが減少してしまうので，マネーサプライを元に戻すべく，**公開市場操作**で国債などを金融機関から買い上げる**買いオペレーション**をして，マネーサプライの量を増加させるのである。このように，マネーサプライの量を元に戻すような操作を伴う外国為替市場介入のことを「**不胎化介入**」と呼ぶ。

先ほどの例とは反対に，円売りドル買い介入を行うときは，まず中央銀行はドルを買うために，**国庫短期証券**（Treasury Discount Bills）を発行し，市場で円を調達する。国庫短期証券の発行は，負債の増加として記載される。また，その円を使って購入されたドルは，米国債などで運用されるから，外貨資産の増加となる。これによりドル購入とひきかえに売却された円の分だけマネーサプライが増加する。不胎化介入するときには，国債などを売る，売りオペを行い，マネーサプライを元の量まで減少させるようにする。

9.3 金融政策の効果

では，固定相場制下での金融緩和政策の効果をみてみよう。まず，固定相場制であることから，為替相場 E は変化しない。したがって，将来の為替相場 E^e もまた E であり，

$$E^e = E$$

となり，カバー無しの金利平価（$r = r^* + (E^e - E)/E$）が成立しているので，

$$r = r^*$$

となる。

金融政策でマネーサプライ M が増加すると，通常であれば，LM 曲線は右下にシフトし，金利 r が下がり，国民所得 Y が増加して，均衡は図表 9-2 の②になるだろう。しかし，金利低下により，為替相場が

■図表 9-2　固定相場制下の金融政策の効果

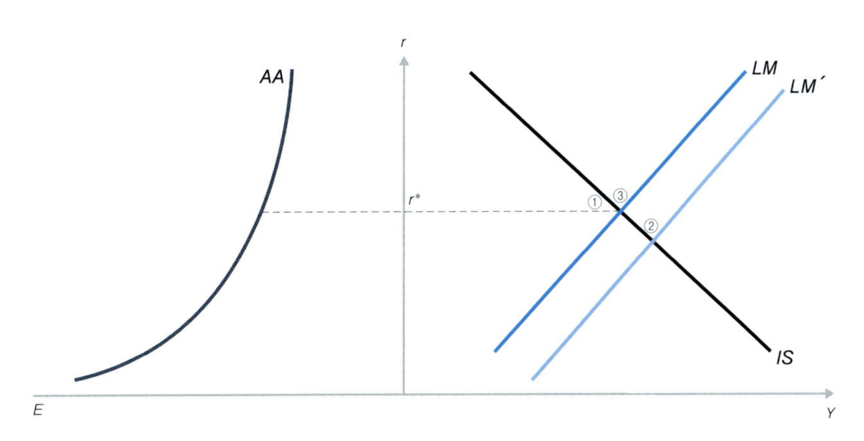

金融政策で M を増加させると LM 曲線は右下にシフトしようとするがそれによって E が変化するといけないので介入して LM 曲線を元のところに戻さなければならない。よって最終的に均衡は③となり当初の①と等しくなる。

下がり始めれば，通貨当局は外国為替市場に介入して，為替相場を一定に保たなければならない。そのために，自国通貨を買う介入が行われる。自国通貨を買うと，市場に出回っているお金が吸収され，マネーサプライ M が減少するので，LM 曲線は元の方向に戻るようシフトし，為替相場が元の水準のところに戻るまで介入は続けられる。実際には，LM 曲線が動き始めたらすぐに介入が行われるため，均衡点はほとんど動かない。つまり，金融政策に対応する形で介入が行われ，結局均衡点は図表 9-2 の当初の ① と同じところにあり，金融政策によって国民所得が増えることはなく，金融政策が無効であることがわかる。言い換えれば外貨に対して為替相場を固定するのであれば，その通貨と異なる金利をつけることはできないので，独自の金融政策はとることができない，ということを表している。IS-LM モデルで考えれば，国民所得 Y は増加する，という単純な解答になるが，固定為替相場制下であれば，国民所得 Y はまったく増加しないのである。

9.4 財政政策の効果

拡張的な財政政策がとられるとき，政府支出 G が増加し，IS 曲線は右上にシフトする。つまり金利 r が上昇して為替相場 E が高くなる方向に圧力がかかる。これに対して通貨当局は為替相場を一定に保つために外国為替市場介入を行う。この場合は，通貨当局は自国通貨売りの介入を行うのでマネーサプライ M は上昇する。したがって，図表 9-3 のように，LM 曲線は右下にシフトし，国民所得 Y はさらに大きくなる。

金融政策の例と同じように，通貨当局は，為替相場を自由に動かせる幅が決まっており，大きく変動させるわけにはいかないので，金利が上昇して為替相場が増価し始めたらすぐに介入を始めるだろう。したがって，均衡点は当初の ① から，③ に向かってほぼ水平に移動していくと考えられる。IS-LM モデルで得られる結果と比べると，為替相場維持のための介入を伴うことから，財政拡張政策による国民所得 Y の押し

■図表 9-3　固定相場制下での財政政策の効果

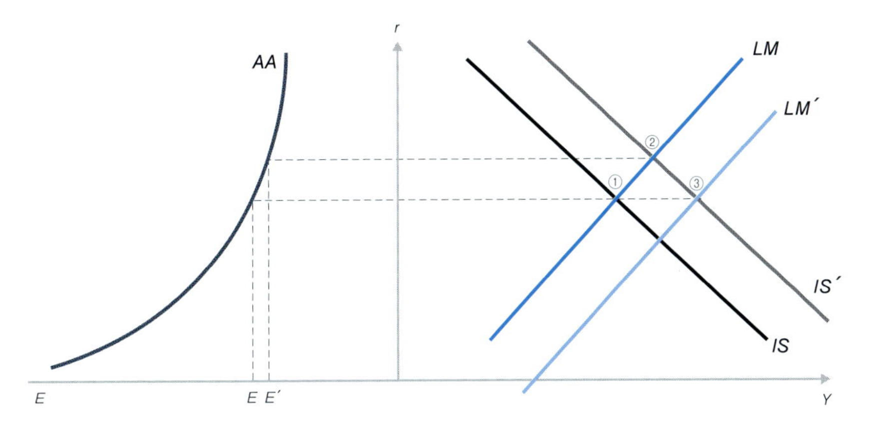

G が増加すると IS 曲線が右上にシフトすることで E は円高方向に動きはじめる。固定相場制を維持するために介入を行うと LM 曲線は右下にシフトする。これにより均衡は③となる。

上げ効果はより大きいということになる。

9.5 平価切下げの効果

固定相場制では，為替相場は一定の値に固定されているため，常に現実の為替相場 E と期待為替相場 E^e は一致すると考えられる。したがって，一時的な政策と継続的な政策によって期待為替相場が異なる値をとるということもなく，この二つを区別して考える必要はない。

ただし，平価（固定している相場）そのものが変化する可能性はある。特に，自国の輸出産業を有利にしようとするために切下げ方向に平価を変更するケースのほうが歴史的には多い。

平価が変更されると，期待為替相場と現実の為替相場が新しい平価の値になる。そのため，同じ金利 r に対応する為替相場 E はより大きい値（円安）になる。つまりこれは AA 線が左上にシフトすることを表

■図表 9-4　平価切下げの効果

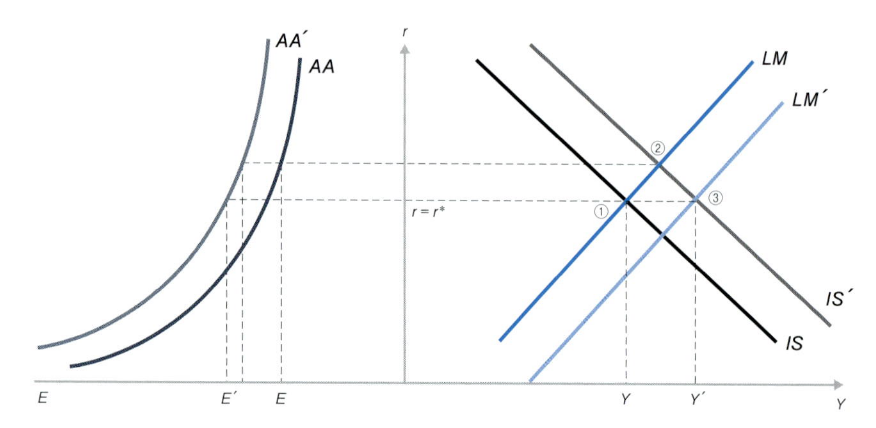

平価変更により *AA* 線は左上にシフトし *E* は *E*´ となる。そのため *IS* 曲線は右上にシフトしはじめるが固定相場維持のために介入するので *LM* 曲線は右下にシフトし最終均衡は ③ となる。

している（図表 9-4）。次に，平価切下げということで為替は減価するので，*IS* 曲線が右上にシフトする。金利上昇により自国通貨が増価しそうになるので，自国通貨売り介入をするため，*M* が増えて *LM* 曲線が右下にシフトする。

結果的には，平価変更により，*Y* が増えるということがわかる（$Y \to Y'$）。この方法は，固定相場制をとる国にとっては魅力的でしばしば *Y* を増やすことを期待して行われてきた。

9.6　平価切下げを予測するケース

先ほどのケースでは実際に平価切下げが起きたらどうなるかを説明したが，ここでは民間が平価切下げを予想するが，実際には為替相場は下がらないケースを考える。

民間が，政府がいずれ平価を切り下げるだろうと予想すると，期待為替相場 E^e が切下げ方向（大きくなる）に変化し，*AA* 線が左上にシフ

■図表 9-5　平価切下げが予想されるケース

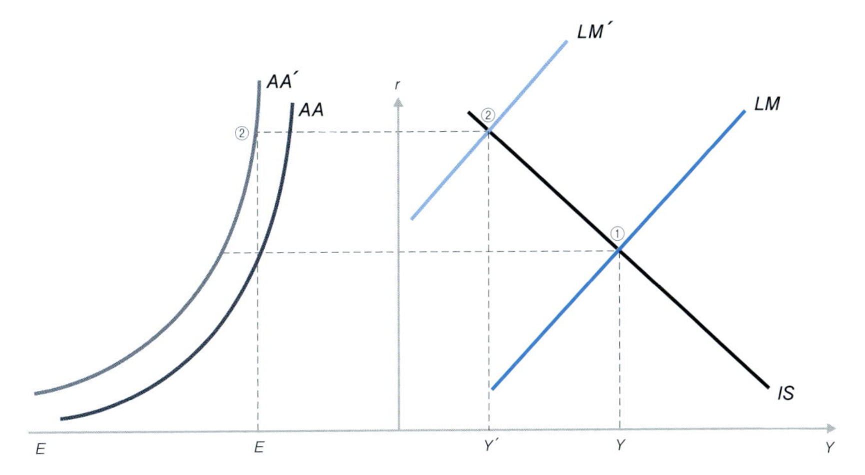

平価切下げの予想により *AA* 線が左上にシフトしはじめると固定相場を維持するために介入するので *LM* 曲線が左上にシフトする。

トする。この時点で放っておけば，為替相場は減価し，*IS* 曲線がシフトするだろう。しかし，現実には政府は固定相場を維持しようとするため，自国通貨が減価しないように，自国通貨の買い介入を行う。買い介入を行うと，市場にでまわる自国通貨は減少するため，*LM* 曲線は左上にシフトする。どこまでシフトするかというと，新しい *AA* 線のもとで，為替相場が元の水準になるところまでなので，図表 9-5 の②となる。実際には為替相場の水準はなるべく動かさないように，*AA* 線がシフトし始めるとともに介入を始めるので，為替相場は変わらず，金利が上昇し，国民所得が下がっていく現象だけがみられるだろう。

このような平価切下げ予想が起きるとき，自国の外貨準備は減少し，国民所得も減少するので，当該国にとっては厳しい状況となる。このような状況は，固定相場制を採用する国が，何らかの原因で固定相場を維持できないと予想されるときに陥る。第 11 章の通貨危機の節で説明するが，このような状況が生じると，やがて本当に平価を下げざるを得なくなることが多い。

9.7 まとめ

第7章から第9章まで，オープンマクロモデルを用いて，経済政策の効果について説明した。最後に，これらの効果を整理しておこう。

IS-*LM* モデルでは，財政政策をとるとき，*IS* 曲線が右上にシフトして，金利が上昇し，国民所得が上昇する，と説明されている。しかし，オープンマクロモデルによると，変動相場制下では金利上昇が為替相場を増価させて経常収支を悪化させることから，所得増加の効果は小さく，さらに財政政策が継続してとられるときにはその効果はまったくなくなる。よって，日本のように変動相場制を採用している国では継続的に財政政策をとってもその効果は無効なのである。これでは財政政策を採用する意味はまったく異なってくる。現実に効果がないのかどうかについては，この後実証分析を例に説明しよう。

一方，固定相場制下では反対に財政政策の効果は *IS*-*LM* モデルで考えられているよりも大きなものとなる。これは，為替相場を固定するために外国為替市場に介入することでマネーサプライが増加するためである。

金融政策についても，*IS*-*LM* モデルで考えたときとは結果が大違いである。*IS*-*LM* モデルで考えると，マネーサプライを増加させる金融緩和政策をとれば *LM* 曲線が右下にシフトして，所得増大が期待される。変動相場制下では，このときに，金利が低下することから為替相場が減価して，貿易収支の好転を通じてさらに所得が増加すると考えられる。固定相場制では，為替相場を変化させることができないために介入を行うことでマネーサプライが元の水準に戻り，金融政策は無効である。

では，*IS*-*LM* モデルとオープンマクロモデルのどちらが正しいのだろうか。

どちらのモデルも非常に単純化されたモデルであり，現実の状況がどちらに近いかを考えて判断するべきだろう。例えば，*IS*-*LM* モデルとオープンマクロモデルの相違は金利の変化が為替相場に影響を与えるかどうかに依存している。したがって，何らかの理由で，金利が変化しても為替相場がモデル通りに変化しないのであれば *IS*-*LM* モデルのほうが適当かもしれない。

上記の結論のうち，特に変動相場制下では財政政策は無効，あるいは効果は限られている，という結果は意外に思われるかもしれないし，信じられないと思う人もいるだろう。そこで，実際に財政政策の効果について調べた実証研究をいくつか紹介しておこう。

まず，ブランチャードとペロッティ（2002）は，第二次大戦後以降のアメリカの政府支出乗数は低く，1 に近いものも多かったことを示している。また，日米の政府支出乗数を調べている加藤（2003）は，アメリカの短期の政府支出乗数は短期で 0.6 程度，日本については有意性の高い値は得られなかったものの短期で 0.9 程度ということを示している。さらに，イルゼツキーら（2009）は，1960 年から 2007 年の 45 か国のデータを使って政府支出乗数の特徴について調べ，固定相場制の国に比べて変動相場制の国の政府支出乗数が非常に低いことを示している。したがって，これらの実証研究から，本章で学んだように，変動相場制をとる日本やアメリカなど主要国における政府支出乗数は本当に低いのではないかということがわかる。実際に金利が為替相場に影響を与えて，それが貿易収支を変化させているかどうかについてはさらなる研究が必要だが，少なくとも本章のモデルの結果は極端なものとして切り捨てられないことは確かだろう。

確認問題

(1)　ここでは小国モデルを仮定しているため，外国金利 r^* は一定の値をとると考えてきた。もしも，固定相場制下で，外国で金融緩和政策がとられて外国金利 r^* が下がったら，自国にはどのような変化が生じると考えられるか説明しなさい。

(2)　固定相場制下で平価を切り上げるときにはどのような変化が起こるか。平価を切り上げるという予想があるときにはどうか，説明しなさい。

参考文献

Blanchard, Olivier and Roberto Perotti, 2002, An empirical characterization of the dynamic effects of changes in government spending, *Quarterly Journal of Economics*, pp.1329-1368.

Ethan Ilzetzki, Enrique G. Mendoza and Carlos A.Vegh, 2009, How big are fiscal multipliers ? London School of Economics; University of Maryland; POLICY INSIGHT, No.39.

加藤涼（2003）「財政政策乗数の日米比較―構造VARと制度的要因を併用したアプローチ―」International Department Working Paper Series 03-J-4.

第 10 章

外国為替相場の輸出入価格へのパススルー

本章では，為替相場の変化が価格や数量に伝わるのに時間的ラグがあることや，為替相場の変化が価格に完全に浸透しない場合について説明する。

本章のポイント

■為替相場が変化するとき数量調整には時間がかかるため経常収支はＪを描くように調整される。

■為替相場の変化が価格に影響することをパススルーと呼ぶ。

10.1 イントロダクション

第７章～第９章で扱ったオープンマクロモデルでは，為替相場が変化すれば瞬時に *IS* 曲線がシフトして，新たな均衡が達成される状況を想定していた。しかし，現実には，為替相場が調整されても，それに伴う数量の調整には時間がかかる。本章では，為替相場が変化したときに，数量の調整に時間がかかると経常収支が如何に変化していくようにみえるかを説明するＪカーブ効果についてまず説明する。その後，為替相場が変化するときに輸入価格がどれくらい変化するか，つまり，為替相場の変化が輸入価格にパススルーする程度について説明する。

10.2 Ｊカーブ効果

本書のここまでの説明では，実質為替相場が減価するとき，マーシャル=ラーナー条件が成立していれば，経常収支は改善される，と考えてきた。これは正しいが，現実にはいったん経常収支が悪化してから徐々に改善に向かう，といったプロセスを経ることが多い。

なぜこのようなことが起こるのか，まず直観的に説明すると，為替変動による価格調整に比べて数量調整は時間がかかるからである。

名目為替相場が減価する，つまり日本円でいえば円安になると，まず自国である日本の生産物が相対的に安価になる。しかし，輸出入の価格と数量はしばらく先まで決められているため，契約した価格や数量はすぐには変更できない。

すると，自国の生産物は安くなったのに買ってもらえる数量は変わらず，経常収支はかえって悪化してしまうのである。やがて時間がたてば，安くなった自国の生産物に対する需要が増えて，輸出数量が増加することで経常収支は改善する。

縦に経常収支，横に時間をとったグラフに以上の流れを記すとグラフ

■図表 10-1　J カーブ効果

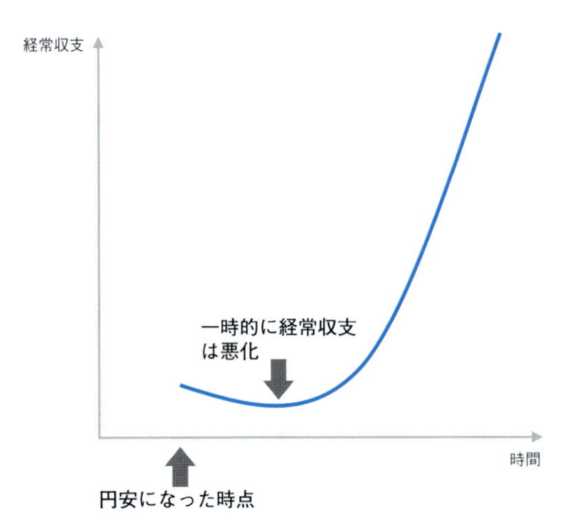

の形が J の字になるので，これを J カーブ効果という（図表 10-1）。

例を示して説明する。100 万円のトヨタの車が 1 台輸出されて，1 万ドルのフォードの車が 1 台輸入されているとする。1 ドル ＝ 100 円とすると，円建て，ドル建てで表した輸出額，輸入額，貿易収支は図表 10-2 の ① のようになる。

ここで円安が進み，1 ドル ＝ 110 円になったらどうなるだろうか。まず，数量調節がされる前の輸出への効果を考えると，為替相場が 1 ドル ＝ 110 円だと，100 万円の車は，

100 ÷ 110 ＝ 0.909 …… 約 0.91 万ドル（9100 ドル）

となる。よって，輸出は円建てでは 100 万円のままだが，ドル建てでは 0.91 万ドルになってしまう。一方，輸入については，為替相場が 1 ドル ＝ 110 円だと，1 万ドルのフォード車は 110 万円になる。これをまとめて貿易収支がどうなるかをみると，図表 10-2 の ② 以下のようになり，円安になったものの，貿易収支は円建てで 10 万円の赤字，ドル建てで 0.09 万ドルの赤字となってしまうことがわかる。

■図表 10-2　J カーブ効果の例

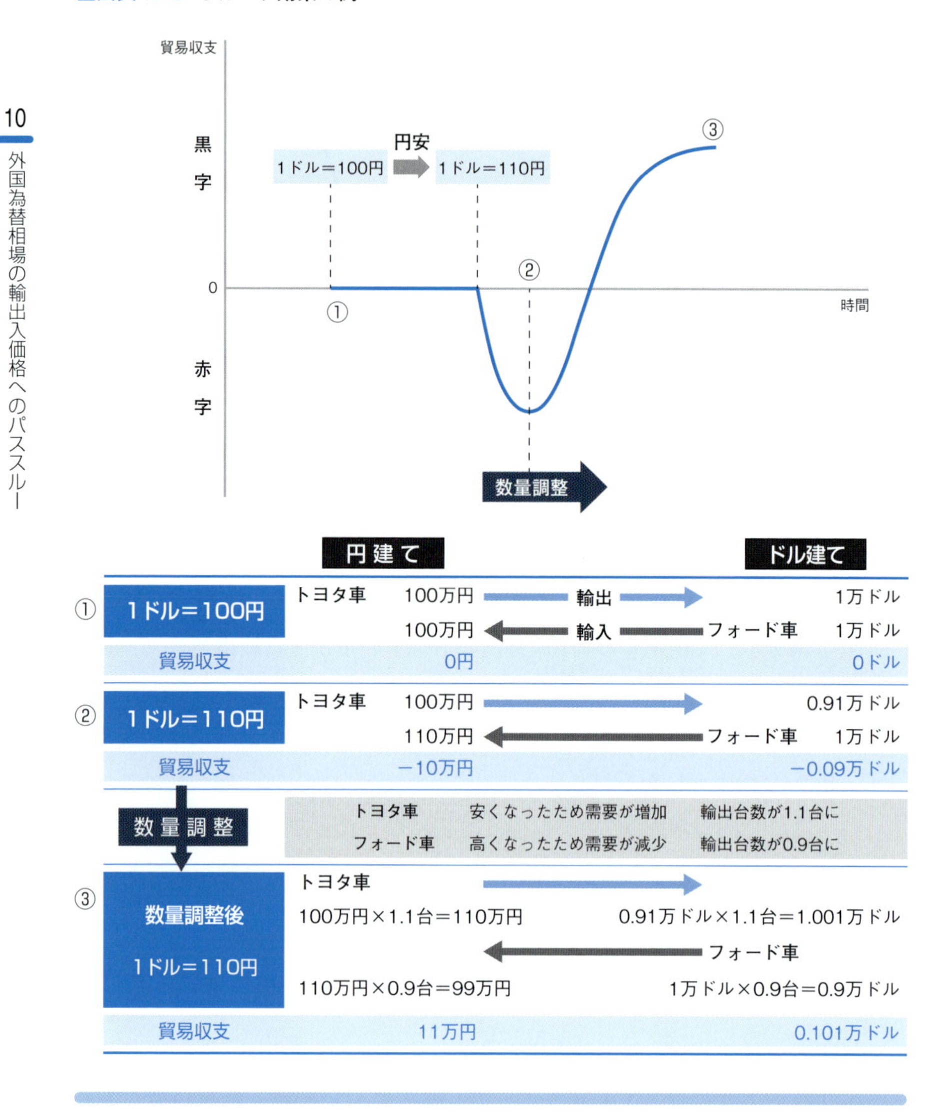

次に，日本車が安くなったので，需要が増え，1.1台売れるようになったとしよう。このとき輸出はいくらになるかというと，円で換算するなら，110万円，ドル建てなら1.001万ドルとなる。また，そのときア

メリカ車が相対的に高くなったので，需要が減少し，輸入台数が0.9台になったとしたら，輸入額は円建てで99万円，ドル建てで0.9万ドルとなる。これを表にまとめると図表10-2の③のようになり，最終的には円建てで11万円，ドル建てで0.101万ドルの黒字となることがわかる。長期的には，さらなる価格の改訂や生産計画の見直しによる数量調整が起こると考えられるが，ここまでのプロセスを指してJカーブ効果と呼ぶ。

ところで，ここでは輸出品は円建てで，輸入品はドル建てで価格がつけられていることを前提としてきた。しかし，もしも輸出品の価格がドル建てで固定されていたらどうなるだろうか。この場合，為替相場が円安になると自動的に輸出企業の受け取る円の額は増加する。そして，ドルでの価格が変わらないために日本車に対する需要量は変化しない。輸入については同じくドル建てのままだと考えると，経常収支は，Jカーブのような動きにはならないものの，最終的に改善するという結論は変わらない。

これまで，日本でも円安時に当初貿易収支が悪化しても徐々に改善していくことがあり，それがJカーブ効果であることが指摘されてきた。2012年からのアベノミクスで，1ドル＝70円代から1ドル＝120円代まで大きく円安が進行した。その効果について，Jカーブ効果がみられることが期待されたが，実際には貿易収支はなかなか黒字化せず，Jカーブ効果はみられなかったとされている。

図表10-3には，2005年～2013年の貿易収支と実質実効為替相場が描かれている。実質実効相場は指数化されており，上にいくほど円高である。リーマンショック後には大きく円高が進み，アベノミクス開始後は円安が進んだことがわかる。理論的には，円高の後，いったん貿易収支は黒字化し，その後赤字化していくはずで，円安のときはその反対になると考えられる。しかし，実際には，円高の後は貿易収支が黒字方向に動き，円安の後には赤字方向に動いている。原因を調べるために，貿易収支を構成する輸出と輸入を表したのが図表10-4である。リーマンショック後は，輸出入ともに大きく落ち込んでおり，これは為替相場の影

■図表 10-3　貿易収支と実質実効為替相場

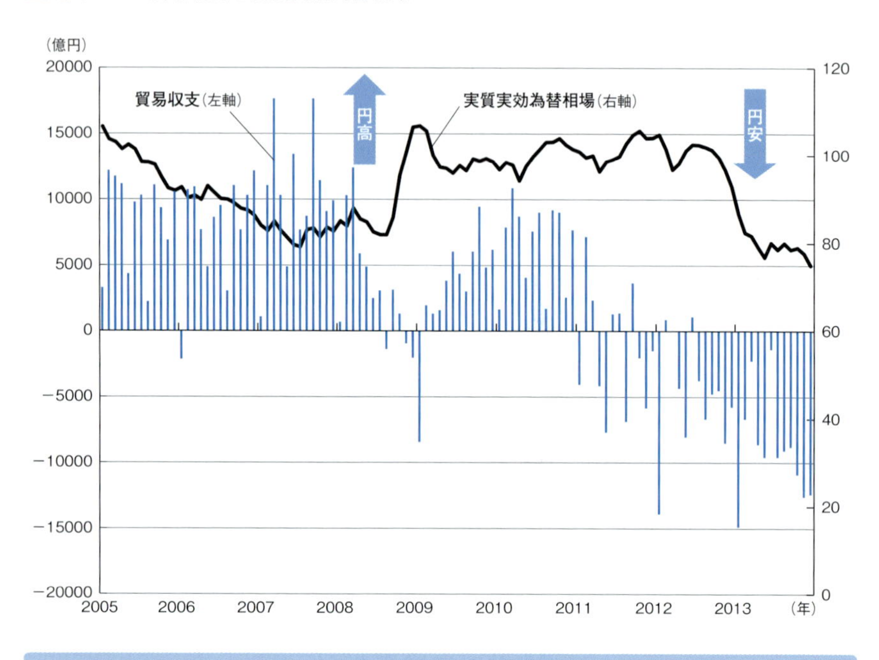

響よりも，金融危機による影響が大きく出ていることがわかる。その後も，リバウンドで輸出入ともに回復がみられるため，この部分について為替の影響だけを取り出すのは難しい。一方，アベノミクスによる円安の影響をみると，輸出はいったん減少したのちに増加すると考えられるが，実際にグラフは一時的に減少した後に上昇している。一方，輸入については，上昇して下落することが予想されるが，一貫して右上がりになっている。これはこの時期に原油価格が上昇していたためである。したがって，このグラフからわかることは，原油については価格弾力性が低いため（価格が変化しても数量が変化しにくい），また原油価格が上昇し続けたために，いわゆるＪカーブ効果がみられなかった，ということだ。

■図表 10-4　輸出入額の推移

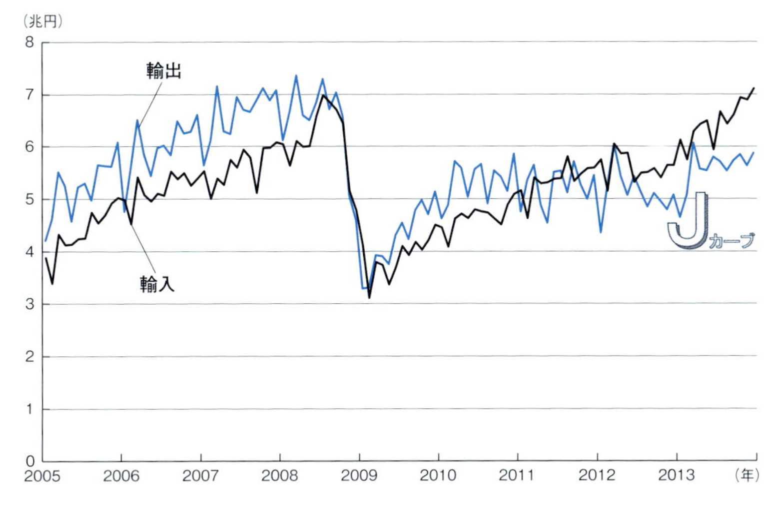

10.3 外国為替相場のパススルー

Jカーブ効果の説明では，為替相場の価格と数量への影響のラグについて説明した。そこでは，為替相場が変化すると輸出入価格がその分だけ変化すると考えて，その効果について考えた。しかし，為替相場が変化したときに，実際に輸出入価格はその分だけ変化しているだろうか。例えば円高になって売れる数量が減ってしまったら，企業は次の契約では価格を少し安くしようと思うだろう。したがって，より長期的にみれば，数量調節が起こるにつれて価格そのものの調整も行われると考えられる。それによって最終的に輸出価格がどれだけ変化するかは変わってくるのである。ここではこのような為替相場の価格への影響を詳しく説明する。

外国為替相場の変化が価格に影響を与えることを「**パススルー**する」という。対象は通常は輸入価格であるが，輸出価格やその他の物価指数であることもある。具体的には，外国為替相場が変動するときに，価格がそれを受けて変動すれば「パススルーしている」し，変動しなければ「パススルーしていない」という。

外国為替相場の変化が輸入価格に十分にパススルーすれば，経常収支黒字国の通貨が増価し，経常収支赤字国の通貨が減価することで経常収支の不均衡は解消されると考えられる。ブレトンウッズ体制下で活発に外国為替相場制度についての議論が交わされたときには，変動相場制に移行すればこのような調整機能が働き，各国の経常収支の不均衡が解消されることがメリットとして期待されていた。

しかし実際に円高になったときに日本製品は本当に値上がりし，輸入品は値下げされているだろうか。第一に外国為替相場が変化するときに自動的に相対価格は変化するが，契約時の通貨建てによっては必ずしもそうならないことがある。例えば日本がドル建てで価格契約をしている場合，外国為替相場が変化してもドル建ての価格はすぐには変化しない。第二に，円高のために日本製品を値上げするときに，あまりに売れなくなりそうなら，なんとか生産コストを削減して，値上げ幅が小さくなるようにするかもしれない。

このように考えると，外国為替相場は完全には価格にパススルーしていない可能性がある。その程度を調べるために，多くの研究がパススルーの程度を計測してきた。パススルーの程度を測るときには，「パススルー弾力性」を用いる。「**パススルー弾力性**」とは，為替相場が 1％変化するときに，価格が何パーセント変化するか，という為替相場の価格への影響を測る指標のことである。

$$\text{パススルー弾力性} = \frac{\text{価格の変化率（\%）}}{\text{為替相場の変化率（\%）}}$$

ただし，為替相場は自国通貨建てで表されるとし，自国が日本なら円ドル相場は 1 ドルにつき 100 円という形で表示されるとする。

例えば為替相場が10% 円高になったときに，アメリカからの輸入品の円建て価格が日本で10% 値下げされたら，輸入価格のパススルー弾力性は1になる。そして，円建てのアメリカ製品の価格がまったく為替相場の変化を反映せずに変化しなければ，パススルーはゼロということになる。実証研究ではこの弾力性を直接測るときもあるが，実質値を使ったり，期間をのばして長期の値を測ったり，価格設定に関わる他の変数をコントロールしたうえで計測することもある。これらの実証研究は，主にプラザ合意後の1980 年代末と，2000 年以降に盛んに行われている。

10.4 プライシング・トゥ・マーケット行動

1980 年代前半，アメリカはレーガン政権のもと，インフレを抑えるために高金利政策をとり，さらに当時減税による財政赤字から長期金利が上昇したために，ドルは増価を続けた。レーガン大統領はこれを「強いドル政策」のもとで放置したため，輸出競争力が落ちて経常収支の赤字が増大し，アメリカは財政と貿易の双子の赤字をかかえることになった。これに対していわゆるドル暴落をはじめとする世界危機が懸念され，ドル高是正のために協調介入を行うことがG5で合意された。これが1985 年のプラザ合意である。そして約1 年でドルの価値は円に対して約半分になり，あまりに急激な円高ドル安が進んだために1987 年にドル安に歯止めをかけようとルーブル合意がなされた。

当時の日本の実質実効為替相場と経常収支の動きを表したのが図表10-5である。為替相場は輸出シェアをウェイトとした実効相場であるため対ドル相場ほどではないが，それでも1985 年半ばから1 年ほどで40% ほど円高になっていることがみてとれる。一方で，経常収支は1986 年末まで黒字を増やし続けている。その後，経常収支黒字は縮小し始めるが，急激な為替相場の変化が続いている状況でなかなか経常収支の均衡化が進まなかったことから，プラザ合意後に，為替相場による経常収支調整に対して疑問がもたれるようになった。

■図表 10-5　プラザ合意後の経常収支と実質実効為替相場

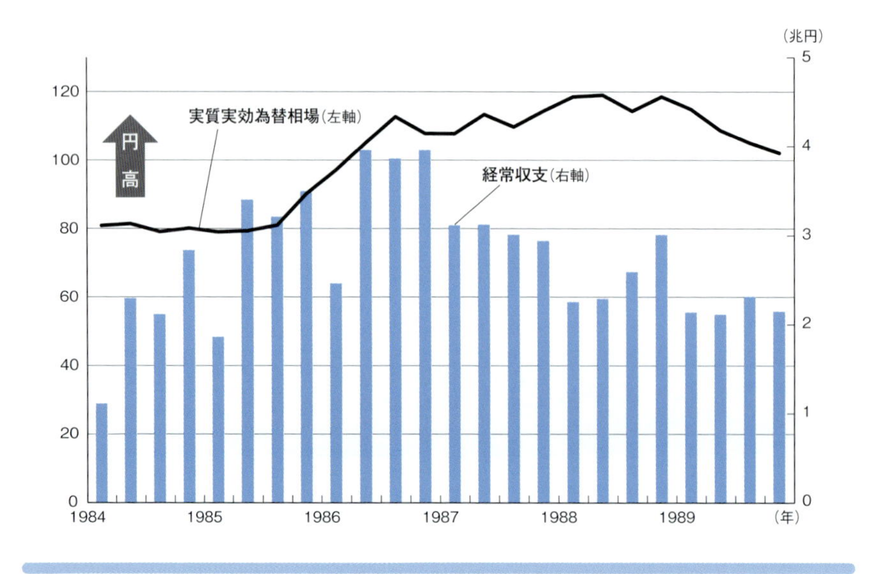

そのようななかで，クルーグマン（1986）は，為替相場の変化が経常収支調整に結びつかない理由として「**プライシング・トゥ・マーケット行動**（PTM 行動）」に関する議論を展開した。プライシング・トゥ・マーケット行動とは，輸出企業が市場ごとに異なる価格づけをする行動のことで，例えば，日本車を輸出するときに，アメリカ向けにはドル建てで計算した価格を安定させ，ドイツ向けにはユーロ建てで計算した価格を安定させ，国内向けには円建て価格を安定させる，といった行動のことである。クルーグマン（1986）は，もともとドイツ車を例にあげ，各国向けに輸出をするときにつける価格のパススルー率が異なる可能性を指摘し，プライシング・トゥ・マーケット行動について説明した。その論文は 1986 年に発行されているが，もともとはプラザ合意を受けて書かれたものではなく，1980 年代前半のドル高時代のドイツ車の輸出価格を念頭にかかれたものだった。しかし，ちょうどその論文が出版された頃にはプラザ合意後の経常収支調整が進まないことが問題となっており，その理由としてプライシング・トゥ・マーケット行動が注目される

ことになった。特に日本企業がプライシング・トゥ・マーケット行動をとっている，すなわち，日本企業が円高にも関わらず，アメリカで販売する商品のドル建て価格を値上げしないために，アメリカにおける日本車への需要が減少しないのではないか，という指摘がなされた。

その後，プライシング・トゥ・マーケット行動を経済学的に説明する試みがなされ，多くの論文が理論的にプライシング・トゥ・マーケット行動の発生メカニズムを説明した。理論的に考えると，プライシング・トゥ・マーケット行動は，次のような特徴を持つ。第一に，プライシング・トゥ・マーケット行動は，市場が分断され独占的な価格づけが可能なときにしかできない。完全競争であれば，市場ごとに異なる価格をつけることはできないので，市場ごとに価格をつけられるなら，市場は分断されているはずだからだ。第二に，プライシング・トゥ・マーケット行動は，単に市場ごとに価格をつける行動ではなく，為替相場が変化したときに，それに応じて異なる価格をつける，つまり，市場ごとに異なるパススルーを設定する行動といえる。したがって，その行動を調べるには，複数市場へのパススルーがどのように異なるかを検証することが必要になる。

これらの理論的な研究に並行して，プライシング・トゥ・マーケット行動が本当になされているかどうかを検証する多くの実証研究が行われた。実証結果は，その他の仮定にも左右されるので一概にはその値が一般的にいくつということはできないが，多くの研究結果をまとめると，日本の輸出についてはプライシング・トゥ・マーケット行動が観察され，ドイツは日本ほどではないがプライシング・トゥ・マーケット行動がみられ，アメリカはほとんどプライシング・トゥ・マーケット行動がみられない，ということだった。以上の実証研究は，日本がプライシング・トゥ・マーケット行動をしていることを裏づけており，多くの研究が急激な円高ドル安にも関わらず経常収支が均衡に向かわなかった理由はここにあると結論づけている。近年では，プライシング・トゥ・マーケット行動という言葉より，現地通貨建てでの価格を安定させる行動，という意味で，**ローカルカレンシープライシング**という言葉が使われることが多くなった。

10.5　パススルーの低下

為替相場のパススルーが十分ではない，という問題は，当初，短期的なことであり，マクロモデルをつくるときにはほとんど考慮されなかった。しかし，価格硬直性に注目するニューケインジアンの考え方が注目されはじめるとオープンマクロモデルでも為替相場のパススルーが十分でないケースを考えるようになった（これについて詳しくは12.3で説明する）。そのようなオープンマクロモデルが多数出てきたのに合わせて，2000年くらいからパススルーの実証研究が再び注目されることとなった。はじめに注目を集めたのは，キャンパとゴールドバーグ（2005）である。この論文はテイラー（2000）がディスインフレ時代を反映して為替相場の輸入価格へのパススルーが低下してきていることを指摘したことを受けて，1975年～2003年の四半期データを使い，OECD（経済協力開発機構）加盟23か国の輸入価格への為替相場のパススルーを計測している。その結果をやや詳しくみると，まず，対象国の平均のパススルー弾力性は短期で0.46，長期で0.64である。例えば，為替相場が1％円安になるとき，日本の輸入価格が短期的には0.46％，1年を超える長期では0.64％ほど上昇する，ということである。個別にみると，パススルーが低いのはアメリカで，ドイツやフランスはやや高め，そして日本の場合は長期が1.13と非常に高い値になっている。キャンパとゴールドバーグ（2005）は，このサンプルを1975年～1989年と1990年～2003年に分けて比較し，15か国についてパススルーの減少が認められるとしている。輸入価格への外国為替相場のパススルーが低下してきている理由としては，アジア新興国の高度成長により，特に1990年代に世界全体の輸入構造が大きく変化したことをあげている。新興国からの輸入品は，一般的に競争力が低く，為替相場の変化をパススルーすることが難しい。そのような輸入品が増えるのに伴ってパススルーも低下したということである。さらに，原燃料と原材料の輸入が相対的に減少したことも影響を与えたとしている。原燃料と原材料は価格が為替相場によって上下したからといって簡単に輸入量を変化させることができない。そのような財のパススルーは高くなりがちであるが，輸入に占める原燃料と原材料の比率が減少していることから，パススルーが全体でみると低下しているという説明である。

このような実証研究が盛んになるにつれて，**インボイスカレンシー**（貿易の契約通貨）の決定を理論的に示す研究や，ミクロの物価とマクロの物価の間の関係を詳細に調べて，なぜ，ミクロレベルで観察されることがマクロになると消滅してしまうのか，といったことを題材に数々の新しい研究がなされている。

確認問題

(1) 輸出品・輸入品の価格弾力性がともにゼロに近いほど低いときに為替相場が変化すると貿易収支はどのように動くと考えられるか。

(2) 為替相場のパススルーが低くなってきている原因として考えられるものをいくつかあげよ。

参考文献

Campa, Jose and Linda Goldberg, 2005, Exchange Rate Pass Through into Import Prices, *Review of Economics and Statistics*, November 2005.

Engel, Charles, 1993, Real Exchange Rates and Relative Prices: An Empirical Investigation, *Journal of Monetary Economics*, 32, August 1993, pp.35-50.

Krugman, Paul, 1987, Pricing-to-Market When Exchange Rates Changes, In Arndt, Sven W. and David J. Richardson (Eds.), *Real-Financial Linkages among Open Economies*, MIT Press, Cambridge.

Taylor, John B., 2000, Low Inflation, Pass-Through, and the Pricing Power of Firms, *European Economic Review*, 44(7).

第11章

通貨危機，ソブリンリスク，最適通貨圏の理論

本章では，通貨にまつわる危機，リスクや議論を取り上げて近年の国際通貨に関連する出来事について説明する。

本章のポイント

■多くのアジア通貨はドルペッグすることで資本のとりこみに成功したが，その後通貨危機をむかえることになった。

■ソブリンリスクとは国債が暴落するリスクのことである。

■最適通貨圏の理論は同一通貨が使われるべき経済圏について説明するものである。

11.1 イントロダクション

本章では，国際通貨に関連する，通貨危機問題，ソブリンリスク問題，最適通貨圏の理論について説明する。通貨危機は，1990年代から2000年代にかけて，多くの国が経験した問題である。ここでは，特にアジア通貨危機におけるタイ・バーツの経験を中心に説明する。タイ・バーツは実質的にドルペッグをすることによって海外からの資本を獲得するのに成功したが，経済成長に陰りが見え始めるとそれらの資本は引き揚げられて，通貨危機につながっていった。それは，この時期に発生した通貨危機の典型的なパターンであったといえる。次に，ソブリンリスクとは，国債暴落のリスクのことだが，本章では特に2012年頃からの欧州ソブリンリスク問題について説明する。欧州ソブリンリスクは，ユーロという共通通貨が使われていたことにより，周辺国への影響が特に大きかった。最後に最適通貨圏の理論では，共通通貨を使うことのメリットデメリットを説明し，いかなる経済圏で共通の通貨を使うべきかについて述べる。

11.2 通貨危機問題

通貨危機とは，ある通貨の価値が暴落することを指す。それがなぜ危機かというと，通貨の価値が下がりはじめるとその通貨を持ちたがらない人や企業が増えて，さらに通貨価値が下がり，その国や企業の資金調達が難しくなるからである。海外からその国に投資している人は，投資した株や債券の価値が下落するので損失を被るし，損失を避けるためにその資産を手放そうとするだろう。さらに国内で資産を蓄えていた人も，自国の資産を海外に逃避させるかもしれない。

通貨危機は，1990年代に複数発生した。まず1992年～1993年には，**ポンド危機**が発生した。当時，イギリスはERM（European Exchange

Rate Mechanism, 欧州為替相場メカニズム）を採用しており，その変動幅を参加国の互いの通貨の±2.25% 以内にしていた。ヘッジファンドは，ポンドに売り攻勢をかければ，いずれポンドが下限の−2.25% になり，イギリスがポンドを買い支えるために外貨準備を使って自国通貨を買っても外貨準備には限りがあり，買い支えできなくなると見込んでいた。そこで，ヘッジファンドはまわりを巻き込みながらポンド売りを仕掛け，ポンドは下限に達した。そしてとうとうイギリスは買い支えるのをやめて，ポンドは暴落した。ヘッジファンドは，空売りをかけることで，暴落したポンドを購入してその差額を利益として得ることができたのだ。これは通貨変動の幅を固定していることを利用した投機的行動が引き起こした通貨危機であった。その後，1994 年**メキシコ危機**，1997 年**東アジア危機**，1998 年**ロシア危機**，1999 年**ブラジル危機**と相次いで通貨危機が発生したが，みなそれぞれ特徴は異なるものの，これらの通貨危機を経験した国は外資を大きく導入していたという共通点がある。次項では，アジア通貨危機を取り上げて詳しく経緯を説明する。

アジア通貨危機

1993 年に世界銀行が発行した『東アジアの奇跡（*East Asian Miracle*）』が世界的に話題になった。これは，東アジアがなぜこれほどまでに速やかに経済成長をとげたのか，を分析するものだった。つまり，当時，東アジアの成長は目覚ましく，世界的にも注目されていたのである。しかし，その後東アジア諸国の成長には陰りがみえ始め，1997 年 7 月にタイの通貨バーツが暴落したことをきっかけに多くの国に通貨危機が伝搬した。

では，なぜタイ・バーツは暴落したのだろうか。そもそもタイはバーツの価値を実質的にドルに固定するドルペッグ制を採用していた。それは，バーツとドルを固定相場にし，バーツとドルの間の為替リスク（為替の変動）をなくすことで，タイへの外国からの投資を増加させるためのものだった。当時，タイは新興国で成長の余地があり，経済成長率は成熟した先進国よりずっと高かった。つまり，投資をすれば大きな収益率が見込める状態であった。そこで，ドルとの為替リスクもなく成長率の高いタイに海外からの投資が集まり，資本が集まるが故にさらにタイが成長する，という構図ができあがったのである。タイ政府による投資資金への税率を下げるなどの措置も資本の流入に拍車をかけた。

しかし，タイに外資が過剰に流入し始めると，やがてその過剰流動性はバブルをつくりあげ，その後のバブル崩壊，不良債権を生み出すことになった。さらに，1995年～1997年にはアメリカが「強いドル政策」をとり，米国への投資増加を目指したために，円安ドル高基調となった。ドルに為替相場をリンクしていたタイ・バーツは，ドルと同様に円に対して相対的に高くなっていった。通貨価値が上昇すると輸出品も割高になるため，タイの輸出には陰りがみえ始め，貿易収支は悪化し始めた。このように，バブル崩壊，貿易収支の悪化，というようなマクロ経済環境が悪化すると，それを知った投資家たちは，もはやタイに投資するのはリスクが高すぎると思い，投資したお金を引き揚げ始める。外資が流出するときには，タイ・バーツをドルに交換する取引が増えるため，タイ・バーツには下落圧力がかかる。しかし，実質的なドルペッグを崩してしまえば，爆発的に外資が流出する可能性が高いので，タイ政府はタイ・バーツを買い支えようとした。当時，毎日のようにタイからの外資の流出が報道され，タイ・バーツを買い支えるタイの外貨準備は目にみえて減っていった。一方，海外の投資家は，外貨準備がやがて枯渇すれば，タイ政府はバーツの買い支えができなくなりバーツは暴落するだろうから，今のうちに投資したお金を回収しようと資金を引き揚げたのだ。そして，結果的には1997年7月にタイ政府は買い支えをあきらめて，タイ・バーツは暴落した。図表11-1は，当時の東アジアの為替相場の動きを示している。7月時点でタイ・バーツ，インドネシア・ルピア，マレーシア・リンギット，フィリピン・ペソは激しく下落していることがわかる。

通貨危機の特徴として，危機の伝搬がある。アジア通貨危機時も，タイ・バーツが下落したのをみた海外投資家は，タイと似た形で成長してきた国は，やがて同じように通貨が暴落するであろうと予想した。それ

■図表 11-1　アジア諸国の為替相場の推移

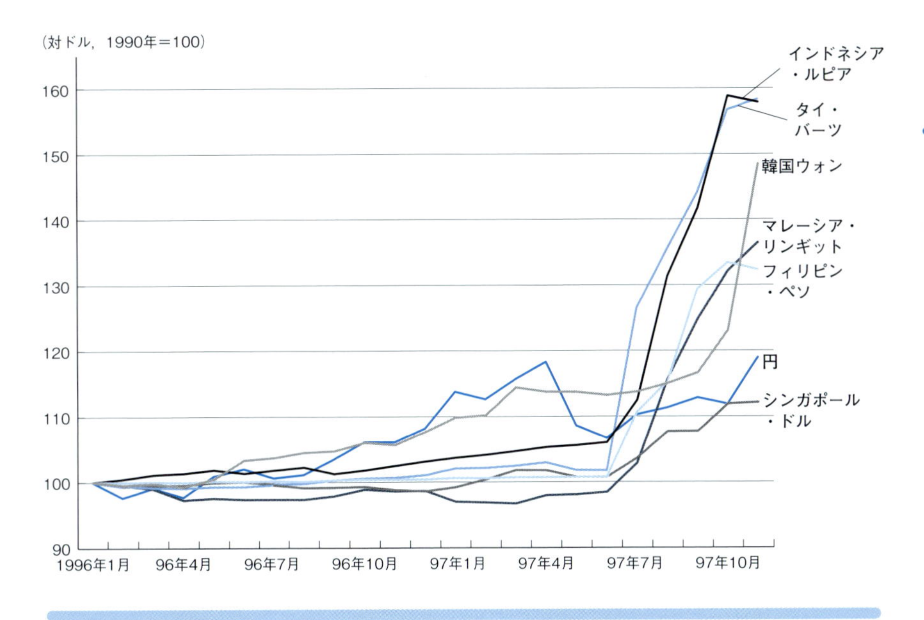

によって，タイ・バーツだけでなく，インドネシア・ルピア，マレーシア・リンギット，フィリピン・ペソ，後に韓国ウォンなどもまた暴落することになったのである。

最適為替比率

アジア通貨危機が起こった後，ドルペッグ制を用いて外資を導入することのリスクが注目され始めた。そして，ドルにペッグするならカレンシー・ボード制のような堅固な制度をとるか，逆に完全にフリーな変動相場制をとるか，の二択しかないという**バイポーラービュー**といわれる説明も行われた。では，実際に，アジア諸国の通貨はどれくらいドルにリンクしていたのだろうか。これを計測した結果が図表 11-2 に示されている。これは，各通貨がドルと円にどれくらいリンクしていたのかを示しているが，ドルの係数は 0.9 を超えているところが多く，公式に発表していたわけではないが，多くの国が自国通貨をドルに実質的にペッ

■図表 11-2　アジア諸国の通貨のドル・円とのリンクの程度（1979 年〜1992 年）

	ドル	円
韓国ウォン	0.96**	−0.1
シンガポール・ドル	0.75**	0.13**
香港ドル	0.92**	−0.00
台湾ドル	0.96**	0.05*
マレーシア・リンギット	0.78**	0.07**
インドネシア・ルピア	0.95**	0.16*
フィリピン・ペソ	1.07**	−0.01
タイ・バーツ	0.91**	0.05**
中国人民元	0.87**	−0.04

（出所） Ito, Ogawa and Sasaki（1998）

グしていたことがわかる[1]。そして一方で日本円の係数は低いものが多く，日本との貿易量が多い割には，円にはペッグしていなかったことがわかる。

筆者は当時，アジア通貨が貿易収支の変動を抑えるために，ドルと円にどれくらいリンクしているのがいいかについて，理論的，実証的な分析を共同研究した[2]。その試算によると，貿易収支を安定させるためには図表 11-3 のような割合でドルと円にペッグするのが最適であることがわかった。これをみると，アジア通貨はもっと円のウェイトを大きくとることで，貿易収支の極端な変動を避けることができたことがわかる。特に 1995 年〜1997 年の円安ドル高時には，円のウェイトが高ければそれほど大きな経常収支赤字にならないで済んだであろうと思われる。

1　図表 11-2 の＊，＊＊はそれぞれ 5% 水準，10% 水準で係数が統計的に有意な値であることを示している。
2　詳しくは，Ito, Ogawa and Sasaki（1998）を参照のこと。

■図表 11-3　ドルと円への最適ペッグ比率

	現実の比率		貿易収支の変動を最小化する最適比率	
	米ドル（%）	円（%）	米ドル（%）	円（%）
タイ・バーツ	91	5	42.9	57.1
インドネシア・ルピア	95	16	40.5	59.5
韓国ウォン	96	−10	10.5	89.5
台湾ドル	96	5	−92.7	192.7
シンガポール・ドル	75	13	22.6	77.4
フィリピン・ペソ	107	−1	−2.9	102.9

（出所） Ito, Ogawa and Sasaki（1998）

アジア通貨危機後の対応策

通貨危機に対する救済はIMFが中心になって行われた。タイは，IMFから40億米ドル，日本からも同額の40億米ドル，世界銀行から15億米ドル，アジア開発銀行から12億米ドル，その他のいくつかのアジアの国から15億米ドルを借り入れた。また，当時，韓国とインドネシアもまたIMFの救済措置を受けた。しかし，それまで途上国中心に救済を行ってきたIMFのプログラムを東アジアの成長している新興国にあてはめたため，条件にはミスマッチが多くあった。これはその後のIMFの救済計画の見直しにつながった。

アジア通貨危機の後，アジア経済はどうなったかというと予想以上に早い時期に回復がみられた。図表 11-4は，当時の東アジア諸国の経済成長率を示しているが，ほとんどの国が2000年にかけて成長率をプラスにしている。これは主に，為替相場が下落したことで輸出の価格競争力が回復し，輸出主導で景気回復が進んだためと考えられる。

また，アジア通貨危機をきっかけとし，アジア地域での金融協力の方法が日本でも模索され始めた。第一に，1997年に議論されたアジア通貨基金構想がある。これは，IMFによるアジア諸国への援助金額や援

■図表 11-4　アジア通貨危機前後の東アジア諸国の経済成長率

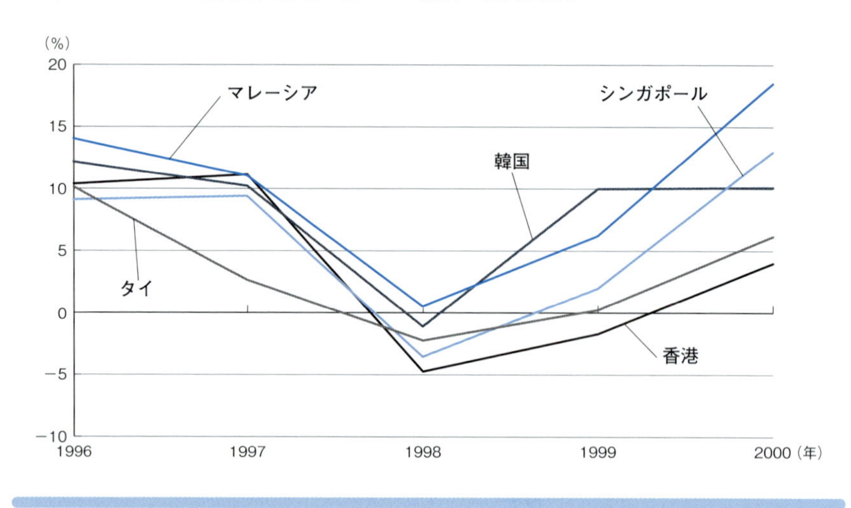

助方法が不十分と感じたために考えられたものであったが，IMF があればそれに準ずる機関は必要ないという議論が支持され実現されなかった。第二に，1998 年 10 月のアジア蔵相・中央銀行総裁会議において，当時の宮澤蔵相が「新宮澤構想」として二国間協力ベースでの日本による資金支援スキームを提案した。通貨危機に見舞われたアジア諸国の経済回復のための中長期の資金支援として 150 億ドル，経済改革推進過程で発生する短期資金需要の備えとして 150 億ドルの計 300 億ドルが用意され，さらに 1999 年 5 月には，新宮澤構想第 2 ステージが公表され，アジア諸国が発行する公債に対する国際協力銀行の保証や，域内の債券市場の整備・育成を関係各国間の検討課題とすることなどが提案された。

第三に，**チェンマイ・イニシアティブ**（CMI）がある。これは，2000 年 5 月にタイのチェンマイで開催された **ASEAN** ＋ 3 蔵相会議において合意されたもので，ASEAN スワップアレンジメントの拡大，二国間**通貨スワップ**を可能にするためのものだった。通貨スワップ協定とは，自国通貨や債券を担保に協定相手国から通貨を借り入れることを定めたものである。なぜこのような通貨スワップが重要かというと，通貨危機のときには多くの国が外貨準備が枯渇する，または枯渇するであろうこと

■図表 11-5　チェンマイ・イニシアティブ

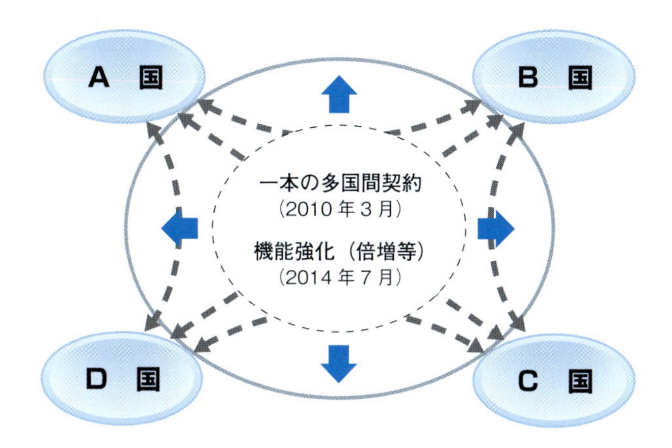

から，自国通貨の買い支えには限界があると考えられている。そして，限界があるために，いつかは買い支えできなくなり暴落することが予想され，その予想のためにさらに大きくその通貨が売られて暴落する，という構図がみられる。しかし，**スワップ協定**で大規模に外貨を借入できるということを合意することで，外貨準備の限界を超えて通貨を買い支えることができれば，通貨への売り圧力を回避できる可能性があると考えられるのである。チェンマイ・イニシアティブは，その後 2010 年 3 月にマルチ化契約がなされ，図表 11-5 のように，二国間でなく，多国間でマルチに意思決定したり，手続きを共通化するようになり，さらにその体制が強化された。また，通貨危機に直接関係ないが，**アジア債券市場育成イニシアティブ**（ABMI）により，アジア域内の債券市場を育成するための包括的な取組みがなされているほか，2003 年には，東アジア・オセアニア中央銀行役員会議において，アジアの債券市場育成に向けた中央銀行間協力の一つとして，**アジア債券基金**（アジア・ボンド・ファンド）が設けられている。

11.3 ソブリンリスク

ソブリン（sovereign）というのは，国家や君主などを指す言葉で，ソブリン債とはほとんどの場合，国債のことを指しており，ソブリンリスクというのは，国家リスク，または国債などのリスクのことを指す。例えば，国債が発行されているものの，償還されない可能性が高まればソブリンリスクが高まっている，という。また，ソブリンリスクが高まると，その国の国債を買う人は減り，国債の利回りが上がり，長期金利が上昇する。ソブリンリスクが高まり，実際に債務不履行になった国はこれまでに沢山ある。1980年代には多くのラテンアメリカの国が債務不履行に陥ったし，1998年にはロシアが，2001年にはアルゼンチンが債務不履行を起こした。

欧州ソブリン危機

2007年～2009年には，大規模な金融危機がアメリカを中心に発生した。この金融危機は，アメリカだけでなく，欧州の銀行にも大きな影響を与えた。しかし，欧州ではさらにその後に，ユーロ危機といわれるソブリン危機が発生する。ユーロ危機の発端は，2009年秋にギリシャの政権が新しくなったときに，旧政権が財務指標を粉飾していたことが発覚したことである。2008年のギリシャの財政赤字のGDP比は5%といわれていたが，新政権が調べたところ，実際には7.7%だったことが明らかになった。新政権のもとで2009年の財政赤字の見通しも3.7%から12.7%に引き上げられた。2010年にその情報が大々的に報道されると，ギリシャ国債は格下げされ，長期金利が急騰し，ギリシャ危機となった。

その危機は，ギリシャと類似する他の国にも伝搬していき，それぞれ背景は異なるものの，2010年秋にはアイルランド，2011年にはポルトガル，2013年にはキプロスが，国債暴落により長期金利が上昇し，財政運営が困難になり，EUを中心とした他国からの支援を受けることに

■図 11-6　ユーロエリアの名目経済成長率

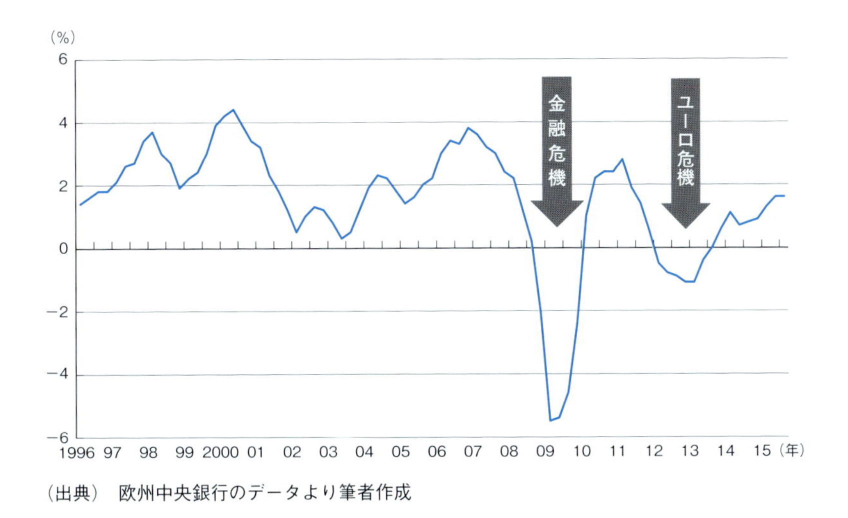

(出典)　欧州中央銀行のデータより筆者作成

■図 11-7　ユーロエリアの失業率

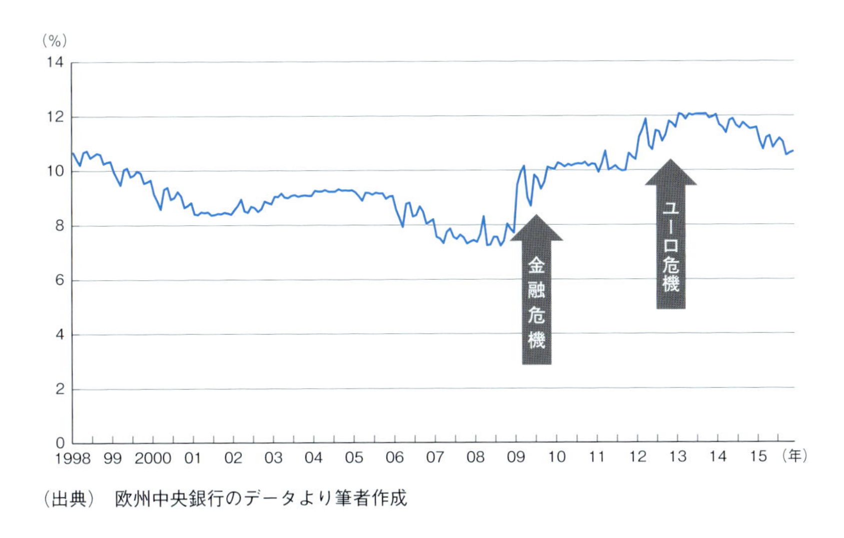

(出典)　欧州中央銀行のデータより筆者作成

なった。スペインもまた2013年に支援を受けている。2008年の金融危機とその後のユーロ危機は欧州各国にダメージを与えた。図表11-6のユーロエリアの名目GDPの推移をみると，金融危機後に大きく落ち込んだ後，さらに2012年近辺でユーロ危機の影響でGDPが下がっていることがわかる。図表11-7をみると，失業率も金融危機で上昇した後，ユーロ危機でさらに上昇していることがわかる。

この2つの危機の影響で金融機関の不良債権が増加した。2015年12月時点においてもなお，欧州全体では約1兆ユーロの不良債権があり，資本不足に陥っている銀行も多くある。EUでは，金融規制を統一化し，破綻処理を迅速に進め，今後の危機を防ぐための方策をたてることが急がれ，銀行同盟という銀行の規制監督に関する統一機関が設立された。

11.4 最適通貨圏の理論

「**最適通貨圏**」というのは，経済活動を行ううえで，国境に関わらず，同じ通貨を使うのが最適であると考えられる経済圏のことである。通常，通貨は一つの国に，一つである。しかし，最適通貨圏は，一国より小さい地域かもしれないし，数か国を一緒にしたより広い地域かもしれない。最適通貨圏の考え方は，マンデル（1961）が初めに提唱したといわれている。

最適通貨圏の議論はどちらかというと，複数の国の通貨を一つにしたほうがいいかどうか，といった形ででてくることが多い。複数の国で一種類の通貨を使用する，つまり通貨を統一するということは古くから議論がなされてきた。通貨統合のメリットとして考えられるのは，第一に，貨幣的効率性の利益であり，計算が簡単で，取引コストも低くてすむ，ということである。これによって，国際取引関係の意思決定基準が予測しやすいというメリットもある。このメリットは，通貨を統一化する国同士における**経済統合度**（貿易関係・生産要素移動）が大きいほど大きい。経済統合度が小さければ，メリットが生かされないからである。第二に，物価が安定することによる利益があげられる。通貨を統合する相手の国の物価が安定しているのなら，物価安定を輸入することができる。

一方，通貨統合のデメリットは，経済安定性が失われることだろう。

また，為替相場政策および金融政策を放棄することによる損失もある。通貨を一つにすることで，同一の金融政策を採用しなければならないし，外国為替相場を変化させることによってショックを和らげることができない。

欧州での通貨統合は最適通貨圏の理論を実践するという初めての経験だった。欧州ではじめに共通通貨という案が出されたのが1962年の欧州委員会であったが，為替相場のアレンジメントの案が具体化したのは，ブレトンウッズ体制崩壊時だった。1972年には，欧州各国は，互いの為替相場の変動幅を±2.25％以内におさめることを約束した。これにより，欧州各国の為替相場は欧州以外の国に対して変動するものの，欧州各国同士は±2.25％の幅のなかでしか動かないことになり，それはプロットしたときのグラフの形状から**スネーク制度**と呼ばれた。しかし，この制度は各国がそれぞれ離脱や参加をくりかえしたり，中心レートがたびたび見直されたりしたため，やがて形だけのものとなっていった。その後また欧州全体で共通の通貨制度を採用することに向けた動きが始まり，1979年には**EMS**（European Monetary System, 欧州通貨制度）が確立された。EMSは，現在のユーロの起源ともいえるECU（European Currency Unit, エキュー；欧州通貨単位）の創設と，ERM（European Exchange Rate Mechanism, 欧州為替相場メカニズム）が特徴だ。ECUは実際の通貨ではなかったが，計算上の通貨単位で，メンバー通貨の為替相場の加重平均値が用いられた。ERMでは，中心レートから±2.25％（一部通貨は±6％）にバンドが設けられた。その後，1988年のEC首脳会議からEMU（Economic and Monetary Union, 経済通貨同盟）の検討が始まり，1989年にはドロール報告において，資本移動の自由化や金融政策の協調，単一通貨の導入などについての計画が採択され，1991年のマーストリヒト条約でEMUの創設が条文に明記された。その後，1992年にERM危機（ポンド危機とも呼ばれる）が発生し，イギリスとイタリアはERMからの離脱を余儀なくされた。しかし，市場統合は進み，1994年にはEMI（European Monetary Institute, 欧州通貨機構）が設立され，それは現在のECB（European Central Bank, 欧州中央銀行）の元の形となった。また，経済の収斂条件も明らかにされ，1999年までに統一通貨ユーロを導入することも決定された。そして，1999年にはユーロが導入され，統一通貨は実現した。

この壮大な実験が成功だったのかどうか，現時点で判断を下すのは難しいが，ユーロ危機の経験から，いくつか明確になった点がある。第一に，デメリットとしてあげたショックを遮断できない，という特徴はギリシャが財政赤字を過少報告していたことが発覚したときに，通貨ユーロそのものの信用が落ちてしまったことで証明された。もしもギリシャがかつてのようにドラクマという独自の通貨を使用していたら，ドラクマの価値が落ちるだけで済んだだろう。しかしユーロという同じ通貨を用いていたために，ショックは他国にも伝わり，さらに，ギリシャは自国通貨価値が十分下がらないために，かえって復興が難しいという面もあった。第二に，救済の問題がある。ショックを遮断できないからには，メンバー国は危機に落ちた国を救済せざるを得なくなる。実際，ドイツを中心に多額の救済措置がなされた。さらに，危機後の処理を行ううえで，金融監督や金融規制の統一化をはかる必要が生じた。金融機関の成り立ちは国によって大きく異なるので，これらの統一化にはかなりのコストがかかる。このようなコストは，事前には予想されていなかったもので，ユーロ危機が発生して初めて意識されることになった。

確認問題

(1) なぜチェンマイ・イニシアティブのような通貨スワップ協定が通貨危機の防止につながるのかを説明しなさい。

(2) アジアで統一通貨を用いるときに予想されるメリットとデメリットをあげなさい。

参考文献

Ito, T., Ogawa, E. and Sasaki, Y., 1998, How Did the Dollar Peg Fail in Asia?, *Journal of the Japanese and International Economies*, Vol.12, Issue 4, pp.256-304.

Mundell, Robert A, 1961, A Theory of Optimum Currency Areas, *American Economic Review*, 51(4), pp.657-665.

世界銀行（1994）『東アジアの奇跡―経済成長と政府の役割―』白鳥正喜監訳／東洋経済新報社

中村宗悦・永江雅和・鈴木久美（2011）「アジア通貨危機とその伝播」「バブル／デフレ期の日本経済と経済政策」第2巻『日本経済の記録―金融危機，デフレと回復過程―』内閣府経済社会総合研究所

第12章

経常収支の調整と新しいオープンマクロ経済学

本章では，為替相場の変化で経常収支がどのように調整されるかを説明する。また，グローバル・インバランスの問題と，新しいオープンマクロ経済学と呼ばれる一般均衡モデルに価格硬直性などの要素を入れた理論について紹介する。

本章のポイント

■為替相場の経常収支調整機能は弾力性アプローチとアブソープションアプローチで説明できる。

■グローバル・インバランスとは世界的な経常収支の不均衡のことである。

■新しいオープンマクロ経済学は一般均衡モデルに価格硬直性などの要素を加えたものである。

12.1 イントロダクション

本章では，為替相場が変化するときに経常収支が如何に変化するかについて，弾力性アプローチと，アブソープションアプローチの面から説明する。弾力性アプローチでは，第7章で説明したマーシャル=ラーナー条件について，それがどのように導出されるのかを詳しく説明する。続けて，グローバル・インバランス，世界的な経常収支の不均衡について説明する。世界的に経常収支が不均衡状態にあるのは自然なことだが，近年，その不均衡が特に大きく，不安定な状態になっていることについて説明する。

後半では新しいオープンマクロ経済学を紹介する。新しいオープンマクロ経済学は英語ではニュー・オープンエコノミー・マクロエコノミクス（New Open Economy Macroeconomics）といい，アメリカではしばしば頭文字をとってNOEM（ノエム）と呼ばれている。新しいオープンマクロ経済学は一般均衡動学モデルに，価格硬直性という要素を入れたものである。従来，オープンマクロのモデルでは，購買力平価は成立していると仮定するものだったが，価格硬直性があると，購買力平価が成立しない可能性がある。これを明示的にモデルに取り入れたのが新しいオープンマクロ経済学のモデルである。新しいオープンマクロ経済学のモデルは，複雑であるため，大学院レベルで扱われることが多いが，ここではエッセンスだけを紹介することとする。

12.2 外国為替相場と経常収支

本節では，為替相場の変化が経常収支に与える影響について説明している弾力性アプローチとアブソープションアプローチについて解説する。まず，財市場の均衡を思い出そう。

$$Y = C + I + G + EX - IM \quad (12\text{-}1)$$

国内総生産　消費　投資　政府の支出　輸出　輸入

(12-1) 式を置き換えると，

$$Y - (C + I + G) = EX - IM \quad (12\text{-}2)$$

となる。

為替相場の与える (12-2) 式右辺への影響を考えるのが弾力性アプローチで，為替相場の輸出・輸入への影響によって右辺がどのように変化するかを説明するものである。また，(12-2) 式の左辺の $C + I + G$ は，国内総生産のうち，国内で吸収される（国内で需要される）ものであるので，アブソープション（吸収）と呼ぶ。為替相場の影響で (12-2) 式の左辺がどのように変化するかを考えるのがアブソープションアプローチである。

弾力性アプローチ

弾力性アプローチとは，為替相場の経常収支への影響を，為替相場が変化することによって，輸出と輸入がどのように変わるか，ということで説明するアプローチのことである。為替相場といっても，輸出入に関係があるのは名目為替相場ではなく，実質為替相場である。実質為替相場についてはここまでたびたび説明したが，名目為替相場とは通貨の交換比率をそのまま表すものであるのに対して，実質為替相場とは名目為替相場に物価を考慮したものとなっている。

$$\text{実質為替相場} = \frac{\text{名目為替相場} \times \text{外国物価}}{\text{自国物価}}$$

名目為替相場が円安になるとき，物価が一定であれば実質為替相場も円安になる。そのとき，分母の自国財価格に比べて分子の自国通貨建てで表した外国物価は上昇する（**価格効果**）。このとき，自国財価格が安くなることから，自国財に対する需要が増加し，輸出数量は増える（**数量効果**。この大きさは価格弾力性に左右される）。輸出額全体は，価格効果と数量効果のどちらが大きいかによって変わる。一方で，外国物価については相対的に価格が上昇し，輸入数量は減少する。輸出入の効果を合わせて経常収支全体への影響が決まる。したがって，円安になったからといって，経常収支が必ず黒字化するとは限らない。

為替相場が減価して輸出価格が低下するときに，経常収支が改善する（黒字化する）条件は，第７章で学んだようにマーシャル=ラーナー条件という。ここではマーシャル=ラーナー条件を導出してみよう。まず，経常収支は輸出と輸入の差として表すことができる。

$$CA(q,\ Yd) = EX(q) - IM(q,\ Yd)$$

CA：自国の生産物単位で計った経常収支
（$CA \times P =$ 経常収支の名目額となる）
EX：自国の生産物単位で計った輸出
（$EX \times P =$ 輸出の名目額となる）
IM：自国の生産物単位で計った輸入
（$IM \times P =$輸入の名目額となる）
q：実質為替相場　Yd：自国の国民所得　P：自国の物価

ここで，

$$IM = q \times EX^*$$

EX^*：外国の輸出

と書くことができる。$q = EP^*/P$ なので，$IM \times p = E \times P^* \times EX^*$，つまり自国の輸入の名目額＝外国の輸出の名目額を自国通貨建てに直したものとなる。よって，

$$\Delta CA = \Delta EX - \Delta IM = \Delta EX - \Delta(q \times EX^*)$$

ここで，

$$\begin{aligned}\Delta(q \times EX^*) &= q_2 \cdot EX_2^* - q_1 \cdot EX_1^* \\ &= q_2 \cdot EX_2^* - q_2 \cdot EX_1^* + q_2 \cdot EX_1^* - q_1 \cdot EX_1^* \\ &= q_2(EX_2^* - EX_1^*) + EX_1^*(q_2 - q_1) \\ &= q_2 \cdot \Delta EX^* + EX_1^* \cdot \Delta q\end{aligned}$$

よって，

$$\Delta CA = \Delta EX - q_2 \cdot \Delta EX^* - EX_1^* \cdot \Delta q$$

これを Δq で割れば，q が 1 単位動くときに，CA がどれだけ動くかわかる。(添字の 1，2 は，それぞれの値が 1 期のもの，2 期のもの，であることを示している。)

$$\begin{aligned}\frac{\Delta CA}{\Delta q} &= \frac{\Delta EX}{\Delta q} - q_2 \cdot \frac{\Delta EX^*}{\Delta q} - EX_1^* \cdot \frac{\Delta q}{\Delta q} \\ &= \frac{\Delta EX}{\Delta q} - q_2 \cdot \frac{\Delta EX^*}{\Delta q} - EX_1^*\end{aligned}$$

$\Delta EX/\Delta q$ は，実質為替相場変更に対する輸出の弾力性であり，q が大きくなる（円安）と，数量は増えるからプラスの値となる。$-q_2 \cdot \Delta EX^*/\Delta q$ は実質為替相場に，実質為替相場変更に対する外国の輸出の弾力性をかけたもので，これはマイナスの値となるが，マイナスが外についているのでそこまで入れるとプラスとなる。最後に，$-EX_1^*$ はマイナスの値となる。したがって，始めの二項と，三項目の大小でプラスか，マイナスかが変わる。一般に，円安になるときに経常収支は改善すると考えられているので，この値がプラスになる条件を求める。

価格弾力性とは，価格が 1% 変化するときに，需要が何パーセント変化するかを表すものである。価格が 10% 割引になったら，どれくらい需要が増えるか，という概念であり，これが大きい値になるほど，価格変化への数量の反応が大きいということだ。輸出入の価格弾力性は実質為替相場の変化に対する輸出入数量の反応を示すもので，次のように表すことができる。

$$\text{輸出の価格弾力性：}\quad \eta = \frac{\Delta EX}{\Delta q} \cdot \frac{q_1}{EX_1}$$

$$\text{輸入の価格弾力性：}\quad \eta^* = -\frac{\Delta EX^*}{\Delta q} \cdot \frac{q_1}{EX_1^*}$$

前述の式に q_1/EX_1 をかけると以下のようになる。

$$\frac{\Delta CA}{\Delta q} \cdot \frac{q_1}{EX_1}$$

$$= \frac{\Delta EX}{\Delta q} \cdot \frac{q_1}{EX_1} - q_2 \cdot \frac{\Delta EX^*}{\Delta q} \cdot \frac{q_1}{EX_1} - EX_1^* \cdot \frac{q_1}{EX_1}$$

$$= \eta - \frac{\Delta EX^*}{\Delta q} \cdot \frac{q_1}{EX_1^*} \cdot q_2 \cdot \frac{EX_1^*}{EX_1} - EX_1^* \cdot \frac{q_1}{EX_1}$$

$$= \eta + \eta^* q_2 \cdot \frac{EX_1^*}{EX_1} - EX_1^* \cdot \frac{q_1}{EX_1}$$

ここで，当初，経常収支がゼロで，$EX_1 = q_1 \times EX_1^*$ とすると，

$$= \eta + \left(\frac{q_2}{q_1}\right)\eta^* - 1$$

となる。これが正になるということは，

$$\eta + \left(\frac{q_2}{q_1}\right)\eta^* - 1 > 0$$
$$\eta + \left(\frac{q_2}{q_1}\right)\eta^* > 1$$

が条件となる。もしも，q_1 から q_2 への動きが小さいなら，

$$\eta + \eta^* > 1$$

が条件になる。このようにマーシャル=ラーナー条件は導かれる。輸出の価格弾力性と輸入の価格弾力性の和が 1 より大きいとき，つまり，輸出入の数量が実質為替相場に関して十分に弾力的であるとき[1]，実質為替相場が円安になると輸出が増えて，輸入が減り，貿易収支は黒字化する[2]。

1　数量が実質為替相場に関して十分に弾力的とは，実質為替相場が変化するときに数量効果のほうが価格効果よりも大きく，十分に数量が変化するという意味。

アブソープションアプローチ

財市場の需給関係を表す式は以下のようにかける。

$$Y = C + I + G + EX - IM$$

これを変形すると，以下のようになる。

Y	$-$	$(C + I + G)$	$= EX - IM$
国内総生産		（国内の需要（アブソープション））	経常収支

つまり，国内で生産されるものが国内で需要された残りは，海外から需要されているもの，ということだ。このような形にして，国内の需要の動向から，経常収支がどうなるかを考えるのが**アブソープションアプローチ**である。例えば，自国通貨が増価（円高）すると，自国資産の実質残高が増価，つまり，相対的にみて，自国の資産の価値が大きくなる。すると，富効果といって，自分の資産が大きくなると支出を増やすという効果が表れるため国内アブソープションが増加し，結果的に経常収支は赤字化方向に動くと考えられる。

12.3 グローバル・インバランス[3]

グローバル・インバランスとは世界的な経常収支不均衡のことである。近年特にこの言葉が意味しているのは，アメリカの持続的で巨大な経常収支赤字と，それを支える形で大きくなっている主に中国と日本の経常収支黒字のことで，このままではいつかこの不均衡が維持できなくなる可能性が高いのではないか，という持続可能性が疑問視されている。自由な国際取引のもとでは経常収支の不均衡は常に生じるが，一国の赤字が突出している場合，やがて返済が難しくなることが予想され，その国の通貨や国債が信用を失うことが懸念される。黒字側も黒字額が大きく

2　以上の計算はクルーグマンとオブズフェルド（2014）の補論を参考にしている。
3　本節の説明は佐々木（2013）を一部要約している。

■図表 12-1　経常収支の推移

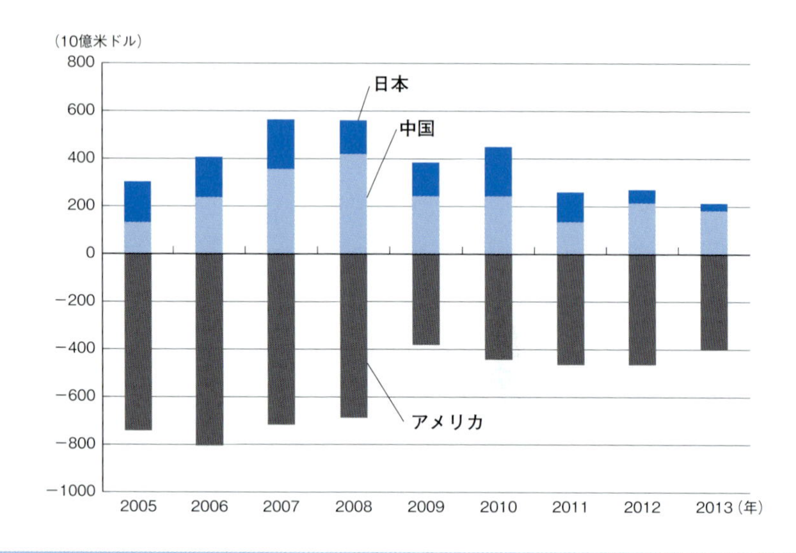

なれば，為替リスクやカントリーリスクを負うことになる。また，特定の国に大きな黒字が偏る場合，それらの国の匙加減で資本が一斉に引き揚げられてしまい，赤字国の資金繰りが難しくなるといったリスクがあるため，危機が心配されることになる。図表 12-1 には，日本，アメリカ，中国の経常収支の推移が描かれている。1980 年代半ばのアメリカの経常収支赤字は日本やドイツの経常収支黒字に対するところが大きかったが，2000 年代には日中の大きな黒字に対するものになっていることがわかる。

世界的に懸念されているグローバル・インバランスの問題だが，かつてブレトンウッズ体制が崩壊し，変動相場制に移行したときには，経常収支の不均衡は外国為替相場の変動により自動的に調整される，と説明されていた。しかし実際には主要国が変動相場制に移行しても，経常収支の不均衡は解消されず，日本の経常収支黒字，アメリカの経常収支赤字，といったように，不均衡が持続することが明らかになっている。これらの事実から，外国為替相場には経常収支調整能力はないのではないか，という疑問が呈されている。しかしその一方で，日本では少しの円高が生じても，景気の悪化につながる，ということで輸出関連株の価格が下落したり，円高対策がとられたりしている。すなわち，円高は経常収支黒字を縮小することが信じられているのである。また，G20でもたびたび中国に対して人民元を増価させることが提案されてきた。これは中国がドル買い介入をすることで米国債を蓄積していくペースを緩めさせるという目的だけではなく，中国の輸出を抑えて経常収支均衡化を進めうる，ということも目的とされていることから，やはり外国為替相場の経常収支調整機能に期待していることがわかる。

このように，外国為替相場の経常収支調整機能は期待されたほど働いていないという指摘がある一方で，外国為替相場の輸出への影響は大きいと考えられているのである。

12.4 新しいオープンマクロ経済学の発展

第8～9章で説明したオープンマクロモデルのベースとなるマンデル＝フレミングモデルは長らく国際マクロ経済学を考えるうえで主要なモデルとして扱われてきた。しかし，経済学全体の流れが，マクロ経済学にミクロ的基礎を求めるように，すなわちミクロ的な経済モデルを積み上げてマクロモデルが構成されることが求められるようになり，国際マクロ経済学もその方向に変化していった。そして，動学的一般均衡モデルと呼ばれる枠組みで新たな国際マクロ経済学，NOEM（New Open Economy Macroeconomics）が発展した。1996年に出版されたオブズフェルドとロゴフの国際金融のテキスト *Foundations of International Macroeconomics* では，このNOEMの基本モデルをはじめ，ニューケインジアン的な要素を重視し，価格硬直性を入れたモデルが説明されている。

Foundations of International Macroeconomics では従来通り購買力平価が成立することを仮定していたが，実質為替相場の説明でも確認したよ

うに，購買力平価説は，名目為替相場が変化するときに自国物価と外国物価が硬直的だと成立しなくなる。

購買力平価：

自国物価 ＝ 名目為替相場 × 外国物価

各通貨建てでの価格の硬直性により購買力平価が成立しない可能性に注目し，オブズフェルドとロゴフ（1996）のモデルを発展させたのがベッツとディベロー（1996）である。ベッツとディベロー（1996）は，生産者（輸出業者）通貨建てで価格設定が行われることを**生産者通貨建て価格設定**（Producer's currency pricing, PCP），消費者（輸入業者）通貨建てで価格設定が行われることを**消費者通貨建て価格設定**（Local currency pricing, LCP）と呼び，それぞれの通貨建てで設定された価格に硬直性があるときに，オブズフェルドとロゴフ（1996）で説明されているような新しいオープンマクロ経済学のモデルがどのように変化するかを説明した。そこでは特に，従来の生産者通貨建て価格設定を前提として購買力平価が成立するようなモデルに比べて，消費者通貨建て価格設定に硬直性があるために購買力平価が成立しないと仮定したモデルでは，外国から伝わるショックの伝播が，どのように変化するかを説明している。

ベッツとディベロー（1996）がこのような通貨建てごとの価格硬直性に注目し，購買力平価成立を前提としない設定でモデルを見直したことがきっかけとなり，様々なモデルについて，通貨建てごとの価格硬直性を仮定した応用がなされた。これらの研究は為替相場制度選択のモデルにも利用されている。1997年のアジア通貨危機後，如何なる為替相場制度を選択するべきかという議論が盛んになったが，それぞれの通貨建てごとに価格硬直性があることを仮定すると，変動相場制と固定相場制のどちらの制度がよりよいか，という結論が異なってくるからである。ディベローとエンゲル（2000）はそれを応用して，最適な通貨制度の選択について研究し，一定の条件のもとで，価格が消費者通貨建てで設定されるときは，変動相場制は外国の**マネタリーショック**を遮断することができるため，変動相場制をとるほうがよいと提案している。そして，生産者通貨建てで設定されているときは，固定相場制をとるほうがよいと提案している。

確認問題

(1) 日本でもマーシャル=ラーナー条件は成立しているといわれているが，輸出の価格弾力性と輸入の価格弾力性はどちらが大きいか。また，その理由を述べよ。

(2) 外国為替の変動が経常収支を調整できていない理由として考えられるものを述べよ。

参考文献

Betts, Caroline and Micheal B. Devereux, 1996, The exchange rate in a model of pricing-to market, *European Economic Review*, 40, pp.1007-1021.

Devereux, Michael B. and Charles Engel, 2000, Monetary Policy in the Open Economy Revisited: Price Setting and Exchange Rate Flexibility, NBER Working Paper No. 7665, National Bureau of Economic Research, 2000.

Obstfeld, Maurice and Kenneth Rogoff, 1996, *Foundations of International Macroeconomics*, MIT Press.

佐々木百合（2013）「グローバル・インバランスの調整と為替相場のパススルー」小川英治編『グローバル・インバランスと国際通貨体制』東洋経済新報社／2013年3月

文献案内

本書を読むにあたり，一緒に読んでほしい資料，さらなる学習のための図書をいくつか紹介する。

1. 国際金融の現状を把握するための資料

本書を学ぶときに，ぜひ，現実の国際金融の現状を把握し，何のために国際金融を学ぶのか，という目的意識を明らかにして欲しい。そのためには，以下のような資料を読むことをお勧めしたい。以下のもの以外にも，日本銀行のホームページやニュースのサイトなどを合わせて活用して欲しい。

「*World Economic Outlook*」

IMF が毎年発行している世界の経済の現状や問題点を概観する資料。国際金融に関わる事項が多く，参考になる。

「経済財政白書」

内閣府が毎年発行しているもので，日本経済を中心に，海外とのかかわりについても説明されている。

「世界経済の潮流」

内閣府が毎年発行しているもので，世界経済の状況や問題点が説明されている。

2. マクロ経済学の入門テキスト・金融論のテキスト

本書のオープンマクロモデルは，多くのマクロ経済学のテキストに出てくる *IS*-*LM* 分析をベースにしているので，これまでにマクロ経済学を勉強したことがない方には，マクロ経済学の入門テキストを参考にしていただくとわかりやすいと思う。また，金融論のテキストにも *IS*-*LM* 分析をもとにした金融政策分析が取り上げられていることがある。また，本書では十分に取り上げられていない，貨幣市場の説明なども詳しいので，参考になると思う。

3. 大学院レベルのテキスト

本書を読んで，さらに詳しく勉強したい，または，さらに進んだ内容を勉強したい場合には以下のようなテキストをお勧めする。

Foundations of International Macroeconomics, 1996, by Maurice Obstfeld and Kenneth Rogoff, MIT Press.

International Macroeconomics and Finance: Theory and Econometric Methods, 2001, by Nelson C. Mark, John Wiley & Sons.

索　引

さ 行

た 行

な　行

は　行

ま　行

や　行

ら　行

欧　字

著者紹介

佐々木　百合（ささき　ゆり）

東京生まれ。一橋大学大学院商学研究科博士後期課程単位取得退学。一橋大学助手，高千穂商科大学講師・助教授，明治学院大学経済学部助教授を経て，2007 年 4 月より明治学院大学経済学部教授。2006 年～2007 年，2015 年～2016 年ワシントン大学客員研究員。博士（商学）。

主要論文

「ユーロにおける金融規制とユーロ圏危機の影響」小川英治編『ユーロ圏危機と世界経済—信認回復のための方策とアジアへの影響—』（東京大学出版会（pp.45–68），2015 年）

"The Pricing-to-Market Behavior: Japanese Exports to the US, the EU and Asia," *Review of International Economics*, Volume 10, Issue 1, February 2002, pp.140–150.

"The Disclosure of Non-Performing Loan Prevented Banks' Evergreening Policy?: Lessons from Japanese Banks' Experiences,"『経済研究』（明治学院大学），第 147 号，2014 年.

"Automobile Exports: Export Price and Retail Price," with Yushi Yoshida, Discussion Papers 15–E–024, Research Institute of Economy, Trade and Industry（RIETI）, 2015.

経済学叢書 Introductory
国際金融論入門

2017 年 2 月 10 日Ⓒ　　初　版　発　行

著　者　佐々木百合　　発行者　森平敏孝
印刷者　加藤純男
製本者　米良孝司

【発行】　株式会社　新世社
〒151-0051　東京都渋谷区千駄ヶ谷 1 丁目 3 番 25 号
編集☎(03)5474-8818(代)　サイエンスビル

【発売】　株式会社　サイエンス社
〒151-0051　東京都渋谷区千駄ヶ谷 1 丁目 3 番 25 号
営業☎(03)5474-8500(代)　振替 00170-7-2387
FAX☎(03)5474-8900

印刷　加藤文明社　　製本　ブックアート
《検印省略》

サイエンス社・新世社のホームページのご案内
http : //www.saiensu.co.jp
ご意見・ご要望は
shin@saiensu.co.jp まで.

ISBN 978-4-88384-250-6
PRINTED IN JAPAN